中华儒学课

三千年中国智慧精华读本

颜明德◎编著

儒學

中国出版集团
现代出版社

图书在版编目(CIP)数据

中华儒学课 / 颜明德编著 . —北京：现代出版社，2015.12(2023.10重印)

ISBN 978-7-5143-4313-7

Ⅰ. ①中…　Ⅱ. ①颜…　Ⅲ. ①儒学－研究－中国　Ⅳ. ①B222.05

中国版本图书馆CIP数据核字(2015)第274897号

作　　者　颜明德
责任编辑　张桂玲
出版发行　现代出版社
通讯地址　北京市安定门外安华里504号
邮政编码　100011
电　　话　010-64267325　64245264（传真）
网　　址　www.xdcbs.com
印　　刷　天津光之彩印刷有限公司
开　　本　787mm × 1092mm　1/16
印　　张　14.5
版　　次　2016年3月第1版　2023年10月第2次印刷
书　　号　ISBN 978-7-5143-4313-7
定　　价　45.00元

前言

儒学，是儒家学说的简称，起源于东周春秋时期。后人们将它和秦汉以前出现的道家、阴阳家、法家、墨家等诸多学术派别合称为诸子百家。西汉时期，汉武帝接受了儒臣董仲舒“罢黜百家，独尊儒术”的建议，将儒学奉为主导国家政治的正统思想。从那时起，尤其是宋明时期，儒学被推上至尊的地位，基本上成为各个朝代统治国家的理论依据。

儒家学派尊奉春秋时期的孔子为儒学宗师。之后，代有贤出，各呈风采。其中的代表人物除孔子外，在先秦时期有孟子、荀子，在东汉时期有郑玄，在宋代有周敦颐和他的弟子程颢、程颐、朱熹，在明代有陆九渊、王阳明,等等。

如果从孔子时期算起，儒学绵延至今，已长达两千五百余年。在这漫长的岁月中，儒学可谓一枝独秀，在历史的舞台上始终闪耀着夺目的光芒，展示出了无穷的魅力。时至今日，儒学可谓光芒依旧，仍然绚丽多姿。这就不得不使人将目光再次落在它的身上，并以无比崇敬的情怀期望发现它的魅力所在。这也是本书由萌芽到最终瓜熟蒂落的动力所在。

世上的花儿有千万朵，朵朵都招人喜爱。遗憾的是，徜徉花丛中，谁也做不到将众芳尽揽怀中。同样，对于博大精深的儒学，只凭借一本书无论如何也做不到穷尽其理。所以，本书在阐述儒家精髓的过程中，是有所侧重的。首先，在儒学派别的取舍上，侧重于先秦时期的孔子、孟子和荀子这些先贤身上；其次，在儒学著述的取舍上，同样侧重于孔子、孟子等儒家先贤的著述。对这些著述，在侧重于广为流传的“四书五经”的同时，还不忘穿插引用一些如《孝经》《周礼》这样的儒家作品的思想以及《史记》之类的史学思想。另外就是本书针对儒学的描述选择上也有所侧重，这方面的侧重，可说是本书的特色。

本书的描述，侧重于对儒学思想的阐释。这些思想内容涵盖了儒学思想中的德、民、仁、忠、让、智、温、恭、宽等诸多方面。那要怎样来对其进行阐释呢？首先从儒学的经典中，找出最具代表性的思想观点，然后围绕这一观点，旁征博引各儒家代表人物的言论进行论证、归结。比方说，在谈及儒家“忠”的思想时，本书就引用了六个儒学最具代表性的观点，如“君要臣死，臣不得不死”“居之无倦，行之以忠”“忠信重禄，所以劝士也”等。以“君要臣死，臣不得不死”为例，这句话所体现的是儒家的忠君思想，但是，通过对孔子和孟子等儒家先贤们的描述进行引证时就会发现，儒家先贤的忠君思想根本就不是“君要臣死，臣不得不死”这种完全听命于个人的愚忠思想，而是一种忠于国家、忠于制度的行为准则。而孟子就说过：“君有大过则谏，反复之而不听，则易位。”这是最鲜明的反愚忠思想。通过这样诸多的引述从而得出另一种结论：“君叫臣死，臣不得不死”的说法并不是儒家先贤的主张，其实质也是同他们“仁”的主张背道而驰的。这种说法的实质，是后世的御用文人歪曲儒家经典、讨好或屈服于皇权而衍生出的一种愚民理论。通过这个引例，也能管窥本书的一些特色来。

本书在阐释儒学思想的引据时，并不单纯地为引用而引用，而是以一种认真负责的治学态度，忠于事实，不附和旁人之说，有自己的真知灼见在里面。而且，本书针对每个思想所展开的论述观点，几乎能够涵盖该思想的所有方面。另外，本书的论述语言力求通俗化、大众化，希望无论是通儒还是对儒学毫无兴趣者，都能被吸引，都能看得进去，并且都能有所体会和收获。

本书几乎涵盖了儒学的方方面面，内容丰富，信息量大，论述充分，见解深刻而又有独到之处，无论对于专业学者，还是有志于儒学研究的门外汉，都有借鉴和启迪的作用。歌德说：“读一本好书，就是在和高尚的人说话。”而儒学就是建立在美德的根基之上的。本书的论述，还侧重于将儒学中的美德精华以现代人的眼光来加以阐述、引申，并力图让这些美德获取今人的共鸣，从而成为他们阅世立世的信条。从这点上来说，读本书，实际上就是在和儒家的先贤们进行心灵对话。所以，本书并不是为学而学的，也不仅仅是带学术观点的书，而是一本融通古今且具有经世致用功能的书。这种经世致用，就是让人通过培育，进而拥有在世上通行无阻的美德。以这种美德为根基，就能真正践行“勇者无惧、智者无惑、仁者无敌”的人生崇高境界。读这样的书，才是真正的开卷有益。

当然，鉴于时间和精力的原因，尽管我们已经尽了百分之百的努力，但我们也无法做到将儒学的精华一一呈现给广大读者。另外，鉴于我们的学识和观点等方面的局限性，书中阙疑、疏漏之处也在所难免。所以，我们更愿意以此书架起与广大读者和学者交流的桥梁，通过相互学习交流，为儒学的普及做出应有的贡献。

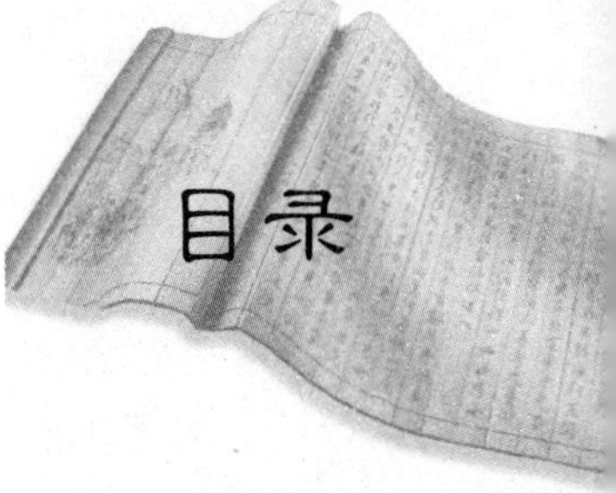

目录

德：◎第一章 德治、人治的治世主张

礼：◎第二章 “内圣外王，知行合一”的伦理思想

仁：◎第三章 “得道多助，失道寡助”的仁政思想

民：◎第四章 “民为贵，社稷次之，君为轻”的民本主义

忠：◎第五章
"君君，臣臣，父父，子子"的儒家纲常

让：◎第六章
"不患寡而患不均"的中庸之道

智
◎第七章
："思知人，不可以不知天"的天人合一思想

温
◎第八章
："在明明德，在亲民"的大学之道

◎第九章

恭：利人皆得以自利，损人终不免损己的和谐理念

◎第十章

宽：重德轻刑、轻徭薄赋的法律准则

第一章

德

德治、人治的治世主张

提起儒家，不少人最先想到的是一个“德”字。中国的传统道德观念并非全部来源于儒家，但从某种程度上说，儒家伦理道德在其中占据了绝大部分内容。儒家之德博大精深，小到君子为人之德，大到国家为政之德，无所不包。毫不夸张地说，去掉“德”的话，儒家思想体系就只剩下一张皮了。

为政以德是儒家的一大基本主张。通过道德教化来培养彬彬有礼的温润君子，淳朴善良的农工商民，勤勉忠信的士大夫官吏，以及如圣王尧舜一般德行高尚的一国之君。全国上下各阶层都谨遵儒家道德规范，按照“劳心者治人，劳力者治于人”的社会分工和睦相处，从朝廷到乡野都弥漫着脉脉温情。这就是儒家眼中的太平盛世。其最经典的描述，莫过于《礼记》中的“大同社会”。直到近现代，儒家的大同理想依然深深地影响着中国人的思想。

儒家认为世间的一切都由天道与天命所主宰，但也相信上天永远垂青于有德之人。只要君子能严格修身，终能通过上天考验，成就一番功德；只要君主能以身作则，躬行德政，就可以得到上天嘉奖，成为新的天命所归之人。反之，滥用权力的恶政则会遭到上天的惩罚，被世世代代传承的天命所抛弃。儒家的这种天命观对古代中国有着极其深远的影响，几乎每次改朝换代，各方都会围绕天命与德政大打舆论战。

1. 为政以德，以德配天

儒家治国，以德为本。孔子曰："为政以德，譬如北辰，居其所而众星共之。"(《论语·为政》) 北辰指的是北极星。在中国古天文学中，北辰象征着帝王，而古星象图也将北辰放在至关重要的核心位置。也就是说，在孔子看来，以仁义道德治国，就能像北极星一样获得众星拱卫的崇高地位。这种德治思想直接来自曾经参与过武王伐纣的西周王朝开国元勋周公旦。

在宋朝以前，儒家的别称是"周孔之教"，而非广为人知的"孔孟之道"。"孔"指儒家创始人孔丘，"周"指的正是周公旦。周公旦是礼乐文明的创立者，其治国理念堪称王道正宗。尽管当代人提起周公更多想到的是"周公解梦"之类的东西，但在古时候，周公治国平天下的思想才是时人关心的焦点。其中最重要的内容，一是以德治国的方针，二是经过改良的天命论。尤其是后者，几乎可以说是古代社会的终极律法。

在西周建立之前，夏商两朝有着很浓厚的天命观，那时的人们认为一切都是由皇天来决定的。

《尚书·大禹谟》有言："皇天眷命，奄有四海，为天下君。"上天眷顾某个人，所以能让他得到四海疆域，成为全天下的君王。君主的权力由上天所授予，王朝也有天命护佑。古人将君主称为"天子"，即上天之子。从这个称呼就可以看出，君权被神化为上天赋予的特权，具有不可颠覆的神圣合法性，不允许群臣万民有所质疑。

例如夏朝末代暴君夏桀曾得意地说：太阳什么时候灭亡，我才会灭亡。但夏桀最终被商汤给推翻了。同样的剧情又在武王伐纣时重演，于是周公旦等圣贤对历史经验进行了总结，修正了对“天命观”的认识。

殷商以祭祀鬼神来维持“天命”，这是一种神本主义观念。而周公旦的思想则是一种人本观念。《尚书·周书·君奭》就很好地反映出了周公旦“以德配天”的思想。

周武王死后，周成王即位。因新君年幼，周公以太师身份摄政，召公则任太保。二人可谓周朝权力最大的宗室重臣。但由周公代行王事，召公对此感到不快，于是周公写下了《君奭》，以表明自己忠心谋国的态度。

《尚书·周书·君奭》中有几句经典格言 :“弗吊天降丧于殷，殷既坠厥命，我有周既受。我不敢知曰厥基永孚于休。若天棐忱，我亦不敢知曰其终出于不祥。”“天不可信，我道惟宁王德延，天不庸释于文王受命。”

第一段话的大意是 : 由于殷纣王不尊敬皇天上帝，上天降祸于殷商，使得殷商王朝失去了天命，而我们周朝已经接受了天命。但周公旦不认为王业在奠基以后能保持长久，在他看来，王者如能顺应上天之意，重用忠信之人为辅佐，西周的王业就不至于出现什么不祥之事。

第二段话比较有意思，即召公奭认为，上天是不值得信赖的。周公旦则表示自己只想将父亲周文王的美德发扬光大，这样上天就不会剥夺周文王的天命了。

上古五帝与夏商周三代兴替的事实，说明天命并非永恒不变。但在科技不发达的古代社会中，天人合一之道是至高境界，人们的所作所为都难以完全摆脱天命观的影响。例如在伐纣联军渡过黄河孟津的时候，突然雷雨大作，占卜又是不吉。于是人人都认为这是不吉之兆，主张暂且退兵。唯有姜太公踩碎占卜用的龟甲，力劝周武王以“吊民伐罪”的大义为重，不要错失良机。最终武王伐纣一战得胜，事前占卜的凶兆没有应验。然而同一个姜太公，在周武王重病之时，和召公奭等人一样占卜问吉凶。

与周公旦共同经历过牧野之战的召公奭，可能是因为受到这次经历的影响，对天命不再那么笃信，而开始更重视人事的力量。

根据周公旦的回忆，召公奭曾经表示：凡事应该依靠自己，人们不敢安然享受上天赐予的福祉，也不会永远顾念天威，这没有任何过失，只要做好人事。考察后世子孙的行迹，假如不懂得敬奉上天，顺应民心，将先人的辉煌限制在国家之内，不明白天命难得的道理，不知道上天难以信赖，就会失去天命而无法长久。继承前人功业，奉行明德，就在此时此刻。

周公旦对此十分赞同。他据此提出了“以德配天”的德治方针。那怎样才能以德配天呢？关键在于选贤任能，让德才兼备之人来治国理民。与此同时，执政者还要经常反思自己的所作所为是否上从天意、下顺民心。

《尚书》中的不少篇章都是圣王明君的自我检讨。周公旦在《尚书》中作了许多文章来告诫周成王或其他大臣，试图以榜样效应来强化西周君臣的内在道德约束力。例如《尚书·太甲》称：“惟天无亲，克敬惟亲；民罔常怀，怀于有仁。”这句话的意思是，皇天上帝并没有固定不变的亲人，他只是与值得敬重的人亲近；百姓并没有一定要感恩于怀的人物，除非是那些仁德之人。而《君奭》一篇既承认君权天授，也强调天命会转移到有德之人手中。天意与民心都会变化，不变的是争取天意和民心的办法。依照这种新的天命观，兴亡生灭都是围绕一个“德”字展开。

按照周公等人的解读，殷商王朝曾经采取过正确的德治方针。

商汤王受天命之时，贤臣伊尹也得到了上天的嘉许。商王太甲（商汤之孙）时有太保阿衡（即开国元勋伊尹）辅佐；商王太戊时有伊陟、臣扈等贤良得上天嘉许，又有巫咸辅政；商王祖乙有巫贤；商王武丁有甘盘。这些有道之人把国家治理得井井有条。所以按照殷商人的礼法传统，他们的英灵在君王去世后得以配天称帝，为后世所传颂。

在周公眼中，这些贤能之士就是上天赐予殷商用来教化万民的。正是有了这些人的主观努力，才让殷商上下都保持谨慎谦和的美德。这些贤能之士都是因为美德而被举荐的。由于他们以身作则，以德治国，才让国家的威信如同占卜一样令当时的百姓对他们深信不疑。

这番理论将人的德行与王朝天命直接挂钩。众所周知，在人类社会中真正起决定性作用的始终是人而不是什么玄远神秘的“皇天”。古人靠天吃饭，自然对天命有着深厚的信仰。不过，事情毕竟是由人来做的，天命归谁不归谁，大部分人都猜不透，但事情做得漂不漂亮，符不符合礼法道德，却是可以直接看出来的。

周公认为殷商王朝在纣王之前世代统治天下，就是因为有那些贤能之人施行德政。上天见天下太平，于是也赐予殷商福祉，没降下惩罚。直到商纣王丢弃了为政之德，才导致上天将天命转移给周。

周公作《君奭》的直接目的是为了说服召公奭与自己精诚合作，共同安定姬周的江山社稷。在他看来，避免上天对西周降下惩罚的唯一办法，就是效法文王以德配天，用德政来治理新兴的大周朝。

后世的儒生都十分推崇周文王的德政。据《史记·周本纪》记载，周文王“笃仁，敬老，慈少。礼下贤者，日中不暇食以待士”。因此，当时的士人对小邦周的德政十分推崇，纷纷移民入周，其中就有辅佐两代周王成就大业的开国元勋泰颠、闳夭、散宜生、南宫括等人。

儒生们认为上天降下大任给周文王，就是因为他不仅品德高尚，而且将恩德布施于列国。虞、芮两个小国有纠纷，都来找西伯周文王评理。谁知两个小国的君主进入周境后，发现这里“耕者皆让畔，民俗皆让长”，好一幅和谐有礼的美妙画卷。于是虞、芮两国感到自惭形秽，从此言归于好。

按照后世儒者的观点，小邦周能取代大邑商成为新的天下共主，就是因为这种王道德政带来的效果。在天下动荡之时，小邦周独能以德政教化著称，吸引四方诸侯主动归附，使得姬周的势力逐渐壮大，对殷商王朝构成了威胁。而此时的殷商王朝在商纣王统治下，各种社会矛盾不断激化，无论是殷商宗室还是平民百姓都深受其害，于是许多人纷纷离商入周。而在决定王朝命运的牧野之战中，人数众多的殷商大军因不满纣王统治而阵前倒戈，兵马较少的西周诸侯联军因此取得了辉煌的胜利。在儒家亚圣孟子看来，这就是以至仁伐不仁的必然结果。

总之，古人所谓的“天命所归”，实际上是民心向背的较量。而民心向背取决于为政者是否推行利民爱民的德政。尽管儒家重视天命，但也不盲目崇信天命，而是将其与人之德行挂钩。按照儒家德治思想，再弱小的国家只要能以德配天，终将成大器。反之，任何不思德政的国家，终将难逃上天的责罚。这就是贯穿中国千年历史的天人感应理念。

2. 爱而知其恶，憎而知其善

按照儒家的“仁者爱人”之道，有德君子应该尽可能地摆脱个人好恶带来的偏见，用更加中正客观的态度来对待他人。当然，这并不是说要求君子不分亲疏地爱所有人，连圣人孔夫子都做不到这点。虽然君子可以有好恶，但应当避免爱屋及乌或恨屋及乌的不理智情绪。《礼记·曲礼上》有言：“爱而知其恶，憎而知其善。”喜欢一个人时，也不能不看到他的缺点；讨厌一个人时，则要多看看他的优点。这才是儒家君子的德行。

唐朝的狄仁杰是家喻户晓的神探。他为人刚正不阿，疾恶如仇，堪称德才兼备的一代栋梁。但按照儒家君子修身之道，狄仁杰也并非没有德行上的瑕疵。傲骨铮铮、名垂后世的他，有时候会看不起别人。一旦不喜欢一个人，狄仁杰往往就会对其十分轻慢，并忽略掉对方的优点。

与狄仁杰同朝为官的将领娄师德，生性宽厚，懂得体恤他人。有一次，同僚李昭德嫌弃他走路太慢，骂他是“乡巴佬”。娄师德却不以为忤，笑着自嘲说：“我娄师德不是乡巴佬，谁是乡巴佬？”像他这样心胸宽广的人，放在历史上都很罕见，但是狄仁杰就非常看不起他，其中一个原因就是，娄师德有“唾面自干”的口碑。

某一年，娄师德的弟弟被朝廷任命为代州刺史。赴任前，娄师德嘱咐弟弟道：“我贵为宰相，你也是治理一方的州牧。我们娄家获得的恩宠太多，容易招人嫉妒，你打算怎样做以保全身家呢？”

他的弟弟道：“日后假如有人朝我脸上吐唾沫以示羞辱，我也不还以颜色，只是把唾沫擦干便是，绝不让兄长担心。”

谁知娄师德摇了摇头说：“你这点恰恰最让我担心。别人朝你脸上吐唾沫，就是冲你发火。你把唾沫擦掉就表示你心存不满，反而会让对方更加恼火。所以，你应该笑着接受，等脸上的唾沫自己干掉。”

这便是成语“唾面自干”的由来。娄师德夹着尾巴做人，在很大程度上是为了避免女皇武则天的猜忌。但在宁折不弯的狄仁杰看来，这是没骨气，所以他一直看不起娄师德。然而狄仁杰不知道的是，推荐自己当宰相的人，恰恰是自己一直看不起的娄师德。他在被武则天任命为相后，多次排挤娄师德，甚至将其放了外任。时间一久，连武则天对此也看不下去了。

这一天，武则天问狄仁杰：“你觉得娄师德这人贤明吗？”

狄仁杰回答道：“娄师德担任武将时谨慎守职。至于他是否贤明，臣就不清楚了。”显然，在狄仁杰看来，娄师德没什么本事和德行，只是碍着女皇的面子，说得比较委婉。

武则天又问：“娄师德知人善任吗？”

狄仁杰答道：“臣曾经与他共事，并未听说过他知人善任。”言下之意，娄师德没有识才眼光。

武则天叹气，又问狄仁杰说：“你知道朕为什么重用你吗？”

狄仁杰自信满满地说：“臣是因为文章出众与德行方正而得到陛下重用，并非碌碌无为而依靠他人上位的。”

武则天沉默半晌，对狄仁杰说：“朕以前并不了解你的才学德行。之所以任你为宰相，正是因为娄师德的极力举荐。现在看来，他的确知人善任啊！”

说罢，武则天命令侍从抬来一个大箱子，里面装着当初娄师德举荐狄仁杰为相的奏疏，足足有十几篇。狄仁杰看完奏疏后，羞愧得无以复加。武则天没有批评他，而他走出朝堂之后感叹道：“没想到，我居然一直被娄公所包容。娄公于我有大恩，却从来没露出自夸的神色。而我对此却浑然不觉，真是与他相差太远了。”自此后，狄仁杰一直对娄师德十分尊敬。

然而曾经的狄仁杰囿于对娄师德的厌恶，根本不知其“善”，也不屑于“知其善”。结果犯了识人不明的过失。按照儒家君子的标准，狄仁杰在这个方面做得很欠缺。

狄仁杰是唐朝一代良相，娄师德慧眼识才举荐他为宰相，却从不以“伯乐”自居，也不告诉其他同僚自己就是让狄仁杰当上宰相的主要功臣。即使后来狄仁杰对他态度轻慢，娄师德也丝毫不以为意。这种宽容之心，恰恰是对“爱而知其恶，憎而知其善”的精神升华。

我们在生活中不可避免地会遇上一些喜欢或讨厌的人，其实，在他们的身上，既有优点也有缺点，坦然承认这个客观事实，不仅是儒家倡导的君子德行，也是一个具备思考能力的现代公民应有的处世态度。

不理性的待人态度，既容易与亲朋好友发生冲突，也会让自己变得越来越褊狭，无法全面地看待问题，从而遭受更多不必要的挫折。

断案如神的狄仁杰，尚且因为偏见而险些错看了娄师德，更何况普通之人。由此可见，人们在为人处世上很容易受好恶情绪的影响。而要克服这一点，就必须坚持“爱而知其恶，憎而知其善”的态度。

值得一提的是，狄仁杰经过这次教训后，一改先前作风，在保持刚直本色的同时，也向娄师德学习。后来的唐朝名臣张柬之、姚崇、桓彦范、敬晖等数十人，都是狄仁杰亲自举荐的。于是有人称赞狄仁杰说：“天下能臣，都出自您狄梁公的门下。”狄仁杰却谦虚地回答道：“我举荐贤良是为社稷着想，而非为自己打算。”他与娄师德一样不夸耀功德，只以公道宽厚之心行事。

总之，当我们喜欢某人时，要时不时地注意一下他的缺点。按照儒家之道，有德君子应当规劝友人不要出错，这样才叫作有情有义。当我们反感某人时，也该多看看他的长处，思考一下自己是否对他存在偏见。如此一来，我们就能变得更加公正客观，离仁人君子的境界也就更近一步。

3. 小德川流，大德敦化

在儒家的思想体系中，始终把人格的力量置于一切有形的诸如刀枪剑戟之类的武器之上。这种人格的力量，就是后天通过修身而培育成的品德。具有了这种品德，也就具有了从政的内在素质。如果把它付诸于实践中，就可以实现治国平天下的目标。这种实践过程，就是德化百姓、德化天下的过程。

因此孔子对道德的力量大为推崇。他在《论语·为政篇》中说："道之以德，齐之以礼，有耻且格。"意思是：用道德教化引导百姓，使用礼制去统一百姓的言行，百姓不仅会有羞耻之心，而且也会守规矩。这种效果，也是儒家所期望达到的效果。为此，在《中庸》第三十章中，就有了对道德力量的赞美："小德川流，大德敦化。"意思是：小的德行如河水一样长流不息，大的德行使万物敦厚纯朴。

在《荀子·议兵》中，荀子同样对道德的力量大为推崇。他说："凡兼人者有三术：有以德兼人者，有以力兼人者，有以富兼人者。彼贵我名声，美我德行，欲为我民，故辟门除涂，以迎吾人。因其民，袭其处，而百姓皆安。"意思是：大凡兼并别国人民的有三种方法，有依靠德行去兼并的，有依靠强力去兼并的，有依赖财富去兼并的。哪个国家的人民是景仰我的名声，赞赏我的德行，想做我的人民，这个国家的人民就会打开国门清除道路障碍来迎接我进城；我依靠这个国家的民众，而百姓都安宁，对我制定的法律与颁布的命令也就没有人不顺从了。我之所以得到了土地而且权势更大，兼并了别国而让自己的兵力越来越强，所依靠的就是道德的力量。对此，荀子得出结论："以德兼人者王，以力兼人者弱，以富兼人者贫，古今一也。"意思是：依靠德行兼并别国的君主可以称王，依靠强力兼并别国的君主只会衰弱，依靠财富兼并别国的君主最终会贫穷，这种情况古今都是一样的。荀子是从战争的角度得出道德力量强大的结论。孟子更是从国家政权变易的角度得出的道德力量强大的结论。

在《孟子·公孙丑章句上》第三节中，孟子说道："以力假仁者霸，霸必有大国；以德行仁者王，王不待大。汤以七十里，文王以百里。以力服人者，非心服也，力不赡也；以德服人者，中心悦而诚服也。"意思是：倚仗实力假装爱民的人是霸道的，行霸道是可以建立大的国家的；依靠品德爱民的人是王道，行王道不一定要大国；商汤凭借七十里国土，周文王凭借百里国土，就使人心归服；倚仗实力迫使人民服从，并不能使人民心服，那是因为实力不能供养人民；依靠品德使人民服从，人民心中喜悦，就会诚心诚意地服从。

荀子和孟子所谓的"德"当归于大德之列。所以，它们所起的作用就是安邦定国、趋众向善和淳化社会风气。其实，社会就是由人和人群组成。所谓的大德，实质上也是基于众德之上的一种民心归集。所以，对于日常生活中的生命个体来说，儒家更是注重他们的品德修身。在《论语·述而篇》中，孔子就体现了对个体失于品德修身的担忧："德之不修，学之不讲，闻义不能徙，不善不能改，是吾忧也。"意思是：一些人对品德不进行培养，对学问不进行钻研，知道怎么做符合道义却不能改变自己，犯了错不能改正，这些都是我所忧虑的事情。随后，在该篇中他指出了具体的行为要求：

"志于道，据于德，依于仁，游于艺。"意思是：以道为志向，以德为根据，以仁为凭借，活动于礼、乐等六艺的范围之中。孔子的这些话，既道出了修身的必要性，也道出了对修身的要求。这种修身也就是对所谓的小德的培育。

儒家的修身是为将来治国平天下打下立世的人格基础。万丈高楼平地起，这种修身，首先就要在内心中树立道德观念，并让道德成为一种处世的境界。这是一个培育"入德"的过程。在《中庸》第三十三章中，孔子针对君子，道出了怎样才算"入德"："君子之道，淡而不厌，简而文，温而理。知远之近，知风之自，知微之显。可与入德矣。"意思是：君子的道，淡泊而不厌倦，干练而讲文明，温和而守道理，由近知远，由风知源，由微知显，这样就可以进入道德的境界了。孔子的这番话，实质上也是评判一个人是否具有真德的依据；同时，也是对一个人是否适合治国平天下的道德判定依据。

孔子从道德修身的角度，把人分为五等，分别是庸人、士人、君子、贤人和圣人。他眼里的庸人指的是：嘴里不能说出好话，心里也不知道忧愁，不知道考虑选用和依靠贤人善士；行动时不知道去干什么，立定时不知道立脚点在哪里；天天在各种事物中挑选，却不知道什么东西贵重；一味顺从外界的事情就像流水似的，不知道归宿在哪里；整个人为耳、目、鼻、口、心的欲望所主宰，思想也就跟着变坏。这样的人，身上连小德都没有，也就不能让他们去治国平天下了。在其余的人中，士人虽有一定的操守，恪守做人的原则，但他们不能彻底掌握治国的原则和方法。这样的人，自然不是合格的治国平天下者。在剩下的三种人中，他们的道德境界一个比一个高，到了圣人阶段，也就达到了天人合一的境界。这时，他就可循天道、行天道了。不过，孔子认为，修身到君子阶段就可以治国平天下了。

相对于兼济天下的大德来说，君子自身所具有的品德当归于小德范畴。但这种小德，恰是符合立世规范的一种真德。这种真德有什么特点呢？首先是淡，即淡泊。对身外之物，非礼勿视，非礼勿听，非礼勿动，完全顺乎心性地熄灭内心中因外界引起的诸如名、利、情、色等各种欲念，并且终生坚守，永不厌倦。其次是简，即不拖沓。这是一种行事风格。不论是自身行为，还是待人接物，都要形成一种干练的办事风格。尤其是属于个人分内的事务以及职责所在，要急他人之所急，想他人之所想，并且说到做到，雷厉风行。同时，在行事方式上要做到文明，杜绝野蛮。再次是温，即温和。这是一种为人处世的态度。人是有个性的，在与人接触的过程中，尤其是涉及利益纠纷时，往往会控制不住内心的冲动而大发脾气。这样一来，就会由争执而上升为争斗，从而引发出动乱来。一个好的态度，能起到减少摩擦、熄灭纷争的作用。但是，这种好的态度不是无原则的，而是要坚守住为人处世的道理。这就要求人们始终做到头脑清醒，保持理性，从而形成自己的主见。儒家道德修身的目的是济世。所以，修身之人要有智，能够厚积薄发，对自己的所见所闻做出正确的判断，做到由远知近、由小见大、由表象知本源。这些既是真德的特点，也是儒家对济世者的基本道德要求。

“不积跬步，无以至千里。”一个人，必有自己的人生梦想。然而实现梦想，首先要从自身做起，从本性的道德修身开始。一屋不扫，何以扫天下！人的品德修身，不同于一招在手就可行遍天下的技艺，而是一个不断提升的精神境界；如同江河川流，既要广纳百川，又要奔涌向前。这样奔腾着，总有一天能融入宽广无垠的大海的怀抱。这时，他就拥有了一种博大、恢宏的气魄，如同春风化雨，润泽万物，功德无限。

4. 作德心逸日休，作伪心劳日拙

儒家主张以德治国，他们所倡导的道德修身，就是为今后治国需要而做的立身准备。从个人角度来看，他们所倡导的道德修身无疑带有人生规划的性质。儒家认为道德有益于人的身心发展。在《尚书·周官》篇中就说过这样一句话："作德心逸日休，作伪心劳日拙。"意思是：行事遵从道德，就会热情洋溢且每天都能获得安宁；弄虚作假，就会因忐忑不安而让内心每天都处于心力交瘁之中。也就是说，积德行善，能让人获得快乐；弄虚作假，只能让人处于不安之中。

那么，做什么样的事或者说秉持什么样的准则行事才会感到快乐呢？在《孟子·尽心章句上》中，孟子说道："君子有三乐，而王天下不与存焉。父母俱存，兄弟无故，一乐也。仰不愧于天，俯不怍于人，二乐也。得天下英才而教育之，三乐也。君子有三乐，而王天下不与存焉。"意思是：君子有三种快乐，但称王天下不在这当中。父母亲都在，兄弟姐妹都平安，这是一种快乐。上不惭愧于天，下不惭愧于人，这是第二种快乐。得到天下的优秀人才并教育他们，这是第三种快乐。君子有这三种快乐，但称王天下不在这当中。

先看第一乐：父母俱在，兄弟无故。在《中庸》第二十章中，孔子说道："天下之达道五，所以行之者三，曰：君臣也、父子也、夫妇也、昆弟也、朋友之交也。五者，天下之达道也。知、仁、勇三者，天下之达德也。"意思是：天下人共有的伦常关系有君臣、父子、夫妇、昆弟和朋友这五项，用来处理这五项伦常关系的德行有知、仁、勇这三种。从孔子的这番话中可知，处理人际关系靠的是品德。所以，儒家推崇的孝悌，是道德力量作用的结果。也就是说，“父母俱在，兄弟无故”之所以能够存在，完全是家庭成员间讲究道德而促成的结果。它所折射出的是一种建立在道德之上的平淡、安宁和充满着亲情意味的居家生活状况。

第二种快乐透着一种坦荡荡的浩然之气。儒家是讲究济世的，即修身是为了治国平天下的。这济世的过程，实质上也是人生价值的一种追求过程。那么，什么样的人生价值才合乎要求呢？是名誉、地位、金钱和财富吗？从人性上来说，这的确是本性所求。儒家对此一点也不避讳。孔子在《论语·里仁篇》中说道：“富与贵，是人之所欲也；不以其道得之，不处也。贫与贱，是人之所恶也；不以其道得之，不去也。君子去仁，恶乎成名。”意思是：富裕和显贵是人人都想要得到的，但不用正当的方法得到它，就无法去享受；贫穷与低贱是人人都厌恶的，但不用正当的方法去摆脱它，就无法摆脱；君子如果离开了仁德，又怎么能叫君子呢？孔子的这番话，在肯定人性的同时，又指出摆脱私心的办法是培育仁德。在该篇中他又说道：“不仁者不可以久处约，不可以长处乐。”意思是：没有仁德的人不能长久地处在贫困中，也不能长久地处在安乐中。这句话，也可说是孔子谈及的德与快乐的关联。这其实也表明了儒家对待个人享受或说人生价值的态度：只有建立在道德之上的快乐，才是真正的快乐；只有建立在道德之上实现的人生价值，才是真正的人生价值。失去了道德的根基，人生所取得的任何享受、任何成就，都是不值一提的。孔子在《论语·述而篇》中就有了十分明确而形象的表态：“饭疏食饮水，曲肱而枕之，乐亦在其中矣。不义而富且贵，于我如浮云。”意思是：吃粗粮，喝白水，弯着胳膊当枕头，乐趣也就在这中间了。用不正当的手段得来的富贵，对于我来讲就像是天上的浮云一样。也只有这种安贫乐道的心态，才真正能做到仰不愧于天，俯不怍于人。

第三种快乐所体现的是儒家所倡导的仁爱精神。在儒家看来，仁德是一个济世之人必备的美德。具有仁德之人，他们的行事既不是良心的施舍，也不是希图物质上的回馈，而应是出自心性的一种主动抉择的自然流露。缘于这种心性，才会有“诲人不倦”之举，才会有“学而不厌”的热情。也只有这样，他所得到的快乐才是真正的快乐。这种快乐就是孔子在《论语·雍也篇》中提到的颜回的快乐：“贤哉，回也！一箪食，一瓢饮，在陋巷，人不堪其忧，回也不改其乐。贤哉，回也！”意思是：颜回真是贤能的人啊！一箪饭，一瓢水，住在简陋的小屋里，别人都忍受不了这种穷困清苦，颜回却没有改变他好学的乐趣。颜回的快乐，同样是建立在道德之上的快乐。

孟子之所以把称王者的快乐排除在君子三乐之外，就是因为君子三乐是建立在道德之上的。那反过来说也是对称王者提出了批评或者说提出了要求：胜者为王败者寇，这是强盗逻辑。只有建立在仁德之上且行仁政的王者，才是真正的王者。儒家对道德的力量深信不疑。在《论语·述而篇》中，孔子十分自豪地说道：“天生德于予，桓魋其如予何？”意思是：上天把德赋予了我，桓魋能把我怎么样？桓魋是东周春秋时期宋国人，任宋国主管军事行政的官——司马，掌控宋国兵权。孔子周游列国到了宋国，宋景公希望把孔子及其弟子长久地留在宋国做事。当他准备出城迎接孔子时，桓魋却怕孔子等人来后会取代自己的权势，于是竟不经宋景公同意，带领人马去杀孔子，结果孔子被赶出宋国。孔子对桓魋的作为表现出了嗤之以鼻，这种力量就来源于他对自身道德的自信，同时也表明他深信道德胜过攻伐，能够制止纷争，而它也是国家治理的真正武器。

从做人的角度来说，人的行为方式选择，无不取决于人的心性。有什么样的心性，面对事物时就会做出什么样的取舍。同时，做出什么样的取舍，就会有相应的回馈。“鱼，我所欲也，熊掌，亦我所欲也。二者不可得兼，舍鱼而取熊掌者也。”这种取舍，其心理依据就是两利相权取其重，两害相权取其轻的方法。这种取舍也可说是人之常情。对于儒家而言，他们的取舍依据就不是这种物质层面的计较，而是道德上的评判。在《论语·宪问篇》中，孔子提的要求是："见利思义，见危授命，久要不忘平生之言。"意思是：见到财利想到义的要求，遇到危险能献出生命，长久处于穷困还不忘平日的诺言。孟子在《孟子·滕文公章句下》中给出的要求是："富贵不能淫，贫贱不能移，威武不能屈。"荀子在《荀子·劝学》篇中给出的要求是："权利不能倾也，群众不能移也，天下不能荡也。"意思是：权势再大也不能压倒他，人多势众也不能改变他，天下任何事情都不能使他动摇。

儒家基于道德上对事物的评判，所要实现的就是以仁爱为核心的人生价值观。以这种人生价值观为归宿，人的任何行为本身都是一种快乐。在面对荣誉、地位、金钱和财富时，他就不会从个人享受的角度出发，而是恪守个人的道德底线，完全能做到无动于衷。相反，如果不从道德的角度作评判，不依道德行事，那么，面对荣誉、地位、金钱和财富时，人的私心就会无限膨胀，从而支配着一个人随心所欲地去做他要做的事。这应该说是儒家所认为的天下动乱和杀戮不止的根源。

所以，"作德心逸日休，作伪心劳日拙"，既是儒家对道德力量的推崇，也是对崇尚道德和失于道德所作的现身说教，其动机和目的都是希望道德能够在全社会成员中普及和推广开来，从而实现社会和谐、天下太平。

5. 黍稷非馨，明德惟馨

儒家先贤们之所以倡导以德治国，并不是出自他们的主观臆想或者一种美好理想，而是顺应古代先贤们的成功实践。这些先贤，既有距他们较远的尧舜这样的圣人，也有距他们较近的周文王、武王和周公旦等人。在《尚书》中，对他们的德行大加推崇的文字随处可见。在《尚书·君陈》

篇中，就有针对周公旦的美德而引出的话语："至治馨香，感于神明。黍稷非馨，明德惟馨。"意思是：至治之世的馨香，是感动神明的结果；黍稷虽能解决人的温饱，但它们散发出的不是馨香，只有明德才是馨香。所谓馨香，指的是能够被人乐于接受的香气，偏重于精神享受，是相对于现实中能带来的物质享受而言的。

不同于对道德力量的推崇，而是把道德从实用中脱离出来，提出了类同于精神享受的馨香，这应该是儒家建立在道德修身可行性基础之上的对道德推广和建树的一种形象比喻和感受。也就是说，从道德源头上来说，儒家坚信，道德不仅能够为人所接受，还能够在人的心灵中扎下根，并能开出美丽馨香之花，最终也必然能结出硕果。尧、舜和周朝文王、武王以及周公旦等，他们都是具有美德之人，所以，他们所取得的成就，归根结底还是他们那带有馨香的道德力量作用的结果，而不是武力征伐的结果。在《论语·泰伯篇》中，孔子就对这些人的功德发出了赞叹："巍巍乎！舜、禹之有天下也而不与焉……大哉尧之为君也！巍巍乎，唯天为大，唯尧则之。荡荡乎，民无能名焉。巍巍乎其有成功也，焕乎其有文章……周之德，其可谓至德也已矣。"意思是：多么崇高啊！舜和禹得到天下，不是夺过来的……真伟大啊！尧这样的君主，多么崇高啊！只有天最高大，只有尧才能效法天的高大。他的德多么广大啊，百姓们真不知道该用什么语言来表达对他的称赞；他的功绩多么崇高，他制定的礼仪制度多么光辉啊……周朝的德，可以说是最高的了。

孔子是极力反对诸侯分割天下的。他在《礼记·礼运》篇中提出"大道之行也，天下为公"的观点就是出于对周王朝的推崇。他希望再现周室一统天下的局面。但现实已是礼崩乐坏，诸侯纷争，社会呈无序状态。那么，怎样才能做到礼复乐兴呢？从历史经验中，他看到了道德的光芒，因而也就寄希望于通过道德在人性中的回归，从而实现对人的社会行为的规范。面对"知德者鲜矣"的社会现实，儒家把道德的影响力寄托在执掌国器的君主和大臣们身上，希望通过上行下效的方式让尊崇道德成为一种社会风气。在《论语·颜渊篇》中孔子就表达了这种观点："子为政，焉用杀？子欲善而民善矣。君子之德风，小人之德草，草上之风必偃。"意思是：在上者只要行善，老百姓也会跟着行善；在上者的品德好比风，在下的人的品德好比草，风吹到草上，草就必定跟着倒。在《尚书·君陈》中有同样意思的话："尔惟风，下民惟草。"意思是：官员是风，老百姓是草，草随风动。这种影响力就是儒家所谓的德化。

荀子把人的道德操守归为人生必须至死不渝坚持的成分。在《荀子·为学》篇中，他说："生乎由是，死乎由是，夫是之谓德操。"意思是：活着是这样，死了也是这样，这叫作道德操守。在这些道德操守中，最核心的是仁德。对百姓能起到感化作用的就是仁德。在《荀子·不苟》篇中，荀子说："诚心守仁则形，形则神，神则能化矣。诚心行义则理，理则明，明则能变矣。变化代兴，谓之天德。"意思是：真心实意地坚持仁德，仁德就会在行为上表现出来，仁德在行为上表现出来，就显得神明，显得神明，就能感化别人；真心实意地奉行道义，就会变得理智，理智了，就能明察事理，明察事理，就能改造别人；改造感化轮流起作用，这就叫作天德。从荀子的这番话中，儒家把感化得以成功归于感化者自身具有仁德上。为什么会这样呢？荀子继续指出："君子至德，嘿然而喻，未施而亲，不怒而威。夫此顺命。"意思是：君子有了极高的德行，虽沉默不言，人们也都明白；没有施舍，人们却亲近他；不用发怒，就很威严。这是顺应了天道。既然仁德能够威化和改造别人，那么，道德在全社会的普及和推广也就成为可行，它的开花结果也就在必然之中了。这也应该是儒家对他们的伦理道德思想极度自信的缘由所在。

从另一个角度，也就是从道德的作用上来说，它们所起的作用同样可比喻为一朵为人欣赏、充满馨香的花朵。儒家对道德在社会行为中所起的作用同样是非常自信的。在《论语·季氏篇》中，孔子说道："齐景公有马千驷，死之日，民无德而称焉；伯夷、叔齐饿于首阳之下，民到于今称之。”意思是：齐景公有马四千匹，死的时候，百姓们觉得他没有什么德行可以称颂；伯夷、叔齐饿死在首阳山下，百姓们到现在还在称颂他们。伯夷、叔齐之所以一直为百姓称颂，就因为他们具有忠信之德。

在儒家先贤中，荀子认为人性是恶的。如果遵从人的本性，那么呈现出来的就是为私欲而争斗。这样的行为扩散开来，整个社会势必就处于纷争和打斗之中。怎样改变这种状况呢？他同样认为，通过接受道德教育，就可以抑制心中的恶念，从而培养起高尚的道德情操来。他认为，“君子博学而日参省乎已，则知明而行无过矣。”只要广博地学习包括礼仪道德在内的各种知识，经常反省自已有无过失之处，就能明辨正确和错误，从而避免这些过失。

道德，是人们在日常生活和社会交往中所遵从的行为规范和准则。儒家把他们倡导的以仁为核心的内容注入这些规范和准则之中，并把它们上升为一种具有普遍社会意义的社会美德，其出发点就是相信这些美德具有引导人性向善制止和避免社会纷争的作用。在他们看来，如果人们接受了他们所倡导的仁德，再接受了礼的形式来规范人们的行为，那么，整个社会就会没有纷争、打斗以及武力攻伐之类的暴力行为了，同时也就变得和谐有序了。这样一来，具有仁德之人，他们的功绩也就远胜于那些使刀弄枪之人和那些手握国器之人了。反过来，他们具有的这种仁德，也就成为治国平天下的真正英雄，只有他们才真正能够万古流芳。那么，这样的仁德，就是时刻让人陶醉痴迷的鲜花！

第二章

礼

“内圣外王，知行合一”的伦理思想

孔子生活的时代，礼崩乐坏，天下动荡。作为一个具有兼济天下情怀之人，他格外希望能够有一种基于道德之上的行为规范来约束人的行为，从而让天下恢复秩序，实现安定。为此，他提出了复礼的行为要求。而这一要求，得到了孟子、荀子等儒家先贤们的赞同。在随后的时代，随着儒家登上正统之位，礼的行为方式也就在各个时期得以推广开来。

儒家对礼的行为方式极其看重，把它视作解决当时社会问题的最有力、最有效的手段，并把它和天下的安危联系在一起。他们倡导礼的行为方式，目的是为了通过这种行为方式来规范社会成员的身份等级，明确各自的行为取舍，从而减少摩擦、避免纷争，最终实现社会安定。

儒家的礼的行为方式，虽然包含了等级在里面，但是，它的实施不是强制式的，而是基于美好人性不断提高的要求之上的。如果抛却其中的政治成分，仅从个人修身的角度来看，对今人的身心发展仍具有指导意义。

1. 有礼则安，无礼则危

孔子生活的时代，周室衰微，过去时代固有的人伦秩序和等级规范受到了严重破坏。失去道德约束后的一些人——尤其是那些手握国器的诸侯国君主，私欲得以无限膨胀，处处唯自己的意志是从，除了以攻伐为能事，置其他诸侯国的利益于不顾外，还出现诸如子弑父、臣弑君这样有违人伦纲常的犯上作乱的悖逆事端来。他们的这种行为，导致社会风气日益败坏，社会矛盾不断激化，从而让整个社会变得动荡不安起来。

针对这种乱象，像孔子那样盼望天下安定的有心人，就提出了通过道德修身来控制人内心欲望的主张，还寄希望于通过礼的形式来规范人们在相处和社会交往过程中的行为。他们对以礼来安定天下既充满信心，也寄予了高度的希望，认为解决社会乱象的关键就在于礼的普遍推行：有礼则安，无礼则危。那么，什么是礼呢？在《礼记·曲礼上》中写道："夫礼者所以定亲疏，决嫌疑，别同异，明是非也。"意思是：所谓礼，指的是用来确定人与人之间关系的远近，判断事情的疑惑之处，分别事情的相同与差异之处，明辨事情的正确与错误之处。这番话实质上给出了礼的四个作用。

其一，礼是用来定亲疏的。

在《中庸》第二十章中，孔子把天下的伦常关系分为君臣、父子、夫妻、昆弟和朋友五种，并指出，"亲亲为大"（意思是：爱自己的家族和亲人是最大的仁）。这其中，与自己关系最密切的自然是家族及家族中的亲人。不过，鉴于家族中也存在着尊卑、长幼等差别，所以，在家族内部同样存在着亲疏关系。既然有了亲疏，那就应该区别对待，这就涉及对待不同的关系，应该使用不同礼仪的问题："亲亲之杀，尊贤之等，礼所生也。"意思是：爱自己的家族和亲人要分亲疏，尊重贤人要有等级，礼就是这样产生的。

在孔子等儒家看来，通过礼的形式来明确人际交往的亲疏关系，就可避免出现不顾人伦秩序、不顾等级尊卑等社会乱象。这样对每个人在社会行为中的身份角色，实质上就有了明确对照，也就起到了预防逾越人伦秩序和等级尊卑等行为的作用。

其二，礼是用来绝嫌疑的。

以《礼记·曲礼上》中访问别人家的行为要求为例。"将适舍，求毋固。将上堂，声必扬。户外有二屦，言闻则入，言不闻则不入。将入户，视必下。入户奉扃，视瞻毋回；户开亦开，户阖亦阖。"意思是：将要到别人家去，凡事当求合理，不可失之粗野；将要进入人家的堂室，一定要发出较大的声响；户外有两双鞋子，听见室内的说话声才可进去，否则就不能进去；将要进门，目光一定要向下；进门以后要神情肃敬，目光不要东张西望，上下扫视；如果门本来是开着的，就让它仍旧开着；如果门本来是关着的，就让它仍旧关着。《礼记》中的这些规定，对于今天的人，仍具有借鉴和指导意义。可以这样说，如果按照上面的要求去做了，那么，在访问过程中就绝不会被人当作小偷对待，也不会被人当作偷窥者对待，更不会被人当作入室的强盗对待……所有不良的嫌疑都可消除，而且还能赢得主人的敬重。

其三，礼是用来别异同的。

按儒家的观点，每个人在社会中，都有着与其身份地位相对应的行为。如果用礼的形式将这些行为的区别明示出来，那么，所起到的不仅是安慰人心的作用，还能起到规范人们行为的社会作用。比如说，《中庸》第十八章中写道："父为大夫，子为士；葬以大夫，祭以士。父为士，子为大夫；葬以士，祭以大夫。期之丧，达乎大夫；三年之丧，达乎天子；父母之丧，无贵贱，一也。"意思是：如果父亲是大夫，儿子是士，就用大夫的礼安葬，用士的礼祭祀；如果父亲是士，儿子是大夫，就用士的礼节安葬，用大夫之礼祭祀；为旁亲服一年齐衰丧，这种制度实行到大夫；为父母服三年斩衰丧，这种制度实行到天子；为父母服丧不分贵贱都是一样的。这番话所讲的是葬礼。在一个讲究等级贵贱的社会，人从生到死，都能通过礼来区别身份地位。在儒家看来，通过礼来区别异同，也就能让人知道自己在什么场合该说什么话，该有什么诉求，也就不会产生非分之想了。这样一来，人与人之间也就没什么纷争了。

其四，礼是用来明是非的。

《礼记·曲礼上》中就对"为人子者"的行为规定了禁行的内容："夫为人子者，出必告，反必面，所游必有常，所司必有业，恒言不称老……年长以倍，则父事之；十年以长，则兄事之；五年以长，则肩随之。群居五人，则长者必异席。"意思是:做儿子的，出行之前一定要当面禀告父母，回到家里也要这样；出游必须有一定的去处；学习一定要有备忘的记事簿；平常讲话不可在自称中带有"老"字……对于年长自己一倍的人，应当待之如父；对于年长十岁的人，应当待之如兄；对于年长五岁的人，虽可以并肩而行，但仍须略微退后；平辈五人同居一处，应让年长者另坐一席。一个人知道了什么是自己该做的，什么是自己不该做的，且都符合社会规范，在儒家看来，这样的社会也就不会产生什么摩擦和矛盾了。

当然，礼的这些作用并不一定是孤立存在的，往往是共同出现的。所以在《中庸》第十九章中就写道："宗庙之礼，所以序昭穆也。序爵，所以辨贵贱也。序事，所以辨贤也。旅酬下为上，所以逮贱也。燕毛所以序齿也。践其位，行其礼，奏其乐，敬其所尊，爱其所亲，事死如事生，事亡如事存，孝之至也。”意思是：宗庙的礼仪，是用以序列昭穆次序的；按爵位排序，用以辨别贵贱；按事功排序，用以辨别贤与不肖；晚辈给长辈举杯敬酒，是为了把恩荣延及年轻的人；让年长者坐上位，用以排列年齿；站到自己的位置上，行进应有礼节，奏起祭祀音乐，恭敬那所尊重的，敬爱那所亲爱的，侍奉亡者如同生者一样，这是最高的孝了。这番话将礼的四种作用全部囊括进去了，可以说是儒家对礼的形式的综合运用。

儒家极其看重用礼的形式来规范人的行为，并把它视作解决当时社会动荡问题的最有力、最有效的手段，把它和天下的安危联系在一起，提出了有礼则安、无礼则危的认知。同道德修身一样，儒家对礼这种行为的普及首先寄托在个人的自觉自愿上。如果照今人进化论的观点，社会生存的法则是弱肉强食、适者生存，那么，儒家期望礼这种行为规范能在社会上普及并推行开来，也就颇具理想化的色彩。不过，可以预知的是，一旦真的如儒家所愿的那样将礼的行为在社会上普及并推行开来，那么整个社会就一定会变得中规中矩，各种乱象就能够得以纠正，社会秩序就能恢复稳定，天下也就能得以安定。至于人心，是否都得到了抚慰，那就另当别论了。

2. 礼之用，和为贵

礼，是儒家倡导的一种人际交往中的行为方式，目的是为了通过这种行为方式来规范社会成员的身份等级，明确各自的行为取舍，从而减少摩擦、避免纷争，最终实现社会安定。那么，为什么不采取别的形式，单单想到了礼这种形式呢?

在《荀子·礼论》中，荀子做了明确的阐述："礼起于何也？曰：人生而有欲，欲而不得，则不能无求。求而无度量分界，则不能不争；争则乱，乱则穷。先王恶其乱也，故制礼义以分之，以养人之欲，给人之求。使欲必不穷于物，物必不屈于欲。两者相持而长，是礼之所起也。"意思是：礼是在什么情况下产生的呢？人生下来就有欲望，如果不能满足他的欲望，就会有所索求；如果索求无度，没有标准，就会发生争斗；有争斗就会产生混乱，而混乱就会导致穷困。古代的圣王厌恶混乱，就制定了礼仪，划分了等级，想以此节制人们的欲望，满足人们的要求，使人们的欲望不会因为物资的不足而得不到满足，而物资也不会因为满足人们的欲望而消耗殆尽。为了让物资和欲望两者相互制约，保持长久的协调发展，这就是礼的起源。

荀子的这番话，从源头上说明了礼产生的原因和存在的必要性，并且明确指出礼是节制人们欲望的一种有效手段。欲望，是人类的本能，是人性的组成部分，是人类征服世界、改造世界，同时也是改造自身的根本动力。在任何时期，欲望都是推动人类进化、发展、进步的原动力。从表现形式上来看，它包括满足精神和物质需求两个方面。正是在欲望的支配下，人类从茹毛饮血的原始社会走向了声光电化的现代社会，从独裁专制的社会迈进了民主法制的社会。但同时，也应该清楚地看到，人的欲望只有在一定的限度内，才会起到积极的作用，一旦超出这个限度，就会适得其反，往往还会转向罪恶的一面。这就是荀子提出的节制欲望的原因所在。儒家提出以礼的形式来让人们节制欲望，可是，一个十分明显的现实问题是，人的意志往往左右不了自己的欲望，面对现实的各种诱惑，人们往往会选择遵从本能。

以人们的日常生活为例。人常说，民以食为天。中国人自古对吃可谓情有独钟。但是，当吃成为社会行为时，儒家也有很多礼仪。按照儒家的要求，聚餐时，首先要讲究怎么个坐法，并不是谁想坐哪里就坐哪里，想怎么坐就怎么坐，而是坐有次第，坐有坐相。在《礼记·曲礼上》中就有这样的规定："将就席，要仪容庄重，不可有失常态。两手提起衣裳的下摆，使下摆离地一尺左右，这样才不至于脚踩着衣裳。不要掀动上衣。迈步不要慌里慌张，以免脚下有失。如果在当行的路前放有先生的书册琴瑟，就要跪下来把它们移开，千万不可从上面跨越过去。不是饮食之座，应尽量往后坐；饮食之座，则要尽量靠前。坐要安稳，始终保持自然的神态……见到端饭的人来，要起立。见到主人的贵客来，要起立……凡陈设便餐，带骨的肉放在左边，切好的大块肉放在右边，饭食放在人的左手方，羹汤放在人的右手方；细切的肉和烤熟的肉放在盛肴胾的器皿之外，离人远些；醋和肉酱放在盛肴胾的器皿之内，离人近些。蒸葱放在醋和肉酱之左，酒和浆放在羹汤之右。如果还要摆设干肉，则弯曲的在左，挺直的在右。如果客人的身份较主人卑下，就应端着饭碗起立，说自己不敢当此席位，这时主人就要起身劝说客人不要客气，然后客人才又落座。主人请客人和他一道祭食。祭饭食的方法是，主人先摆上哪一种就先祭哪一种。祭肴馔的方法是逐一祭之，祭个遍。吃过三口饭后，主人要请客人吃切好的大块肉，然后请客人遍尝各种肴馔。如果主人尚未吃完，客人不可漱口表示已经吃饱。陪着长者吃饭，如果主人亲自布菜，要拜谢之后再吃；主人不亲自布菜，就不必拜谢，可以径自动手取食。大伙共同吃饭，要注意谦让，不可自顾自地吃；大伙共同吃饭，要注意手的卫生。不要把饭搓成团；不要把多取的饭再放回食器；不要大口喝，以免满口汁液外流，不要吃得啧啧作响；不要啃骨头，以免弄出声响；不要把咬过的鱼肉再放回食器；不要把骨头扔给狗；不要争着抢着吃好吃的东西；不要为了贪快而扬去饭中的热气；吃黍米饭不要用筷子，羹汤中的菜要经过咀嚼，不可大口囫囵地吞下；不要当着主人的面调和羹汤。不要当众剔牙，不要喝肉酱。客人如果调和羹汤，主人就要道歉，说不会烹调。客人如果喝肉酱，主人就要道歉，说由于家贫以至于备办的食物不够吃。湿软的肉可以用齿咬断，干硬的肉不可以用齿咬断，就须用手擘而食之。吃烤肉不要一口吞一大块。食毕，客人要从前面跪着收拾盛饭菜的食器并交给在旁服务的人，这时主人要连忙起身，说不敢劳动客人，然后客人再坐下。陪伴长者饮酒，看见长者将给自己斟酒就要赶快起立，走到放酒樽的地方拜受。长者说不要如此客气，然后少者才回到自己的席位准备喝酒。长者尚未举杯饮尽，少者不敢饮……”

这就是儒家有关吃的礼仪。对于现代人来说，这样的礼仪简直就是折腾人，等同于折磨人。但是，如果就这些礼仪的实质来看，它所体现的恰恰就是现代人心理认知上的尊重观念。其中像吃饭时不发出声响、不影响别人进食这些细节，反而是西方人至今仍保持的一种良好习惯，我们中国人反倒把这种好传统给遗忘了。吃个饭有这么多讲究，现代人都接受不了。对于古人来说，他们的原始本能应该更强于今人，也就更难以接受礼仪的这种要求了——何况儒家的礼涉及社会生活的方方面面。

这样一来，在礼的具体运用过程中，势必就会出现不服从礼的约束的情形。礼的目的本是为减少摩擦、纷争，实现社会安定。而在礼的运用过程本身，就会导致摩擦、纷争，这岂不是与儒家的最初愿望背道而驰吗？怎么解决这个问题呢？在《论语·学而篇》中，孔子提出了“礼之用，和为贵”的要求——礼在具体运用过程中，最讲求的是和的方式，不能野蛮行事。如果野蛮推行礼，这样就会给人带来伤害，反而失去了礼的作用。

和，实质上是儒家在礼的实践中所遵循的一种行事方式，同时也是他们所期望达到的一种行为和社会效果。孔子在《中庸》第一章中说道:“喜、怒、哀、乐之未发，谓之中。发而皆中节，谓之和。中也者，天下之大本也。和也者，天下之达道也。”意思是：喜怒哀乐没有表现出来的时候，叫作“中”；表现出来以后符合节度，叫作“和”；“中”，是人人都有的本性；“和”，是大家遵循的原则，达到“中和”的境界，天地各在其位了，万物才能生长繁育了。孔子将“中”与“和”联系在一起，阐释了一种理想化的人性境界和行事原则。从这番话得知，单就“和”来说，它既是一种合乎规范的社会行为，也是对这种行为所能达到的效果的要求。联系孔子生活的时代，就能明白“和为贵”的真谛。

在周朝时期，各阶级之间的界限原本是十分分明和严肃的，涉及具体的个人时，他们在社会上的身份和地位是容不得丝毫紊乱的。上一等级的人，通过礼仪来显示自己的身份权威；下一等级的人，以唯你是从、敬畏的心态对待上级。但到春秋时代，人与人之间的等级关系开始破裂，出现了臣弑君、子弑父的悖逆现象。对此，“礼之用，和为贵”主张的提出，就具有缓和阶级对立、减少矛盾纠纷和安定社会秩序的实际意义。

不过，儒家的“和”，不是无原则的调和或妥协，而是强调用礼的形式来节制。所以，礼之用，和为贵，是儒家宽容思想的体现，它的目的在于营造和睦的人际关系与和谐的社会环境。

3. 博学于文，约之以礼

“博学于文，约之以礼”出自《论语·雍也篇》。孔子认为，君子只要广泛地学习文化知识，以礼的要求来约束自己，就不会背离社会的正道。这是儒家对君子在立世方面所提的两项要求，即内在的智识要求和外在的行为要求。

儒家的思想是为政治服务的。他们所提的格物致知、修身齐家的观念都是为将来治理国家打基础的。儒家认为，要治理国家，首先执政者本身就应当具有高超的智慧。智慧从哪里来？当然从学习中来。儒家的“学”，属于个人修身的一部分，归于智慧范畴，它是治理国家过程中指导行为的必备要素和条件。在《中庸》第二十章中，孔子就明确指出了学习的目的：

“好学近乎知。力行近乎仁。知耻近乎勇。知斯三者，则知所以修身。知所以修身，则知所以治人。知所以治人，则知所以治天下国家矣。”意思是：喜欢学习就接近了智，努力实行就接近了仁，知道羞耻就接近了勇。知道这三点，就知道怎样修养自己；知道怎样修养自己，就知道怎样管理他人；知道怎样管理他人，就知道怎样治理天下和国家了。

儒家对于“学”的要求首先体现为一个“博”字，做到“博学之”。在《中庸》第二十章中，孔子就指出了“博”的深意：“天地之道，博也，厚也，高也，明也，悠也，久也。”意思是：天地的法则，就是广博、深厚、高大、光明、悠远、长久。在天地诸法则中，“博”居其首。“今夫地一撮土之多，及其广厚载华岳而不重，振河海而不泄，万物载焉。”意思是：今天我们所说的地，原本不过是由一撮土一撮土聚积起来的，可等到它广博深厚时，承载像华山那样的崇山峻岭也不觉得重，容纳那众多的江河湖海也不会泄漏，世间万物都由它承载。孔子的意思很明显，人的知识是靠一点一滴积累起来的，当它积累到广博的程度时，对于治理国家的人来说，只有到了这个时候，才能发挥积极的作用。

从立世的角度来看，点滴的知识只能解决点滴的问题，人的能力通常都是与知识相对应的。也就是说，掌握的知识越多，解决起问题来就越顺利。当一个人达到博学的程度时，他就能融会贯通，在解决实际问题时就会有极高的明辨是非、辨别真伪的能力，能够做到举一反三，这样不仅解决问题的效率高、成功性高，而且解决问题的正确性和公允性也会大大提高。所以，博学不仅在于知识的增加，也在于心理承受能力和解决问题能力的增加。

一个人具有了超强的解决问题的能力，是不是就可以为所欲为了呢？在与人交往时，是不是就可以盛气凌人、目空一切了呢？当然不是。在儒家看来，智识应是治国者的内在必备素质，这种素质必须服从于自身的使命——行仁政。这时，就要用礼来约束和规范自己的行为。

针对治国者，荀子在《荀子·礼论》中对礼的作用大加推崇："凡礼，始乎棁，成乎文，终乎悦校。故至备，情文俱尽；其次，情文代胜；其下，复情以归大一也。天地以合，日月以明；四时以序，星辰以行；江河以流，万物以昌；好恶以节，喜怒以当；以为下则顺，以为上则明；万变不乱，贰之则丧也。"意思是：一切的礼，开始时简略，以后逐渐比较完备，最后达到令人称心如意的地步。所以，最完备的礼，能够使感情和礼的仪式发挥得淋漓尽致；其次是，要么感情胜过仪式，要么仪式胜过感情；再次，就是又回到了太古时代的情况，它就只注重质朴的感情了；天地由于它而和谐，日月由于它而明亮，四季由于它而更替有序，星辰由于它而运行正常，江河由于它而奔流不息，万物由于它而繁荣昌盛；人的喜好憎恶由于它而有节制，喜怒由于它而表现适宜；用它来治理臣民，就可以使臣民顺从，用它来规范君主，就可以使君主通达英明；世间万物怎么变化也不会混乱，但违背了它就会丧失一切。荀子的这番话，对礼的社会功效大加赞誉。同时，他也从人性的基础上指出了礼和个人情感上的对立统一关系。

荀子是主张人性本恶论的。在他看来，人的本性中充满着各种欲望，这些欲望都是自私自利的。而礼这种行为方式在一定程度上都是抑制人的这些私欲的。怎么抑制呢？荀子有较为形象的比喻："故绳墨诚陈矣，则不可欺以曲直；衡诚县矣，则不可欺以轻重；规矩诚设矣，则不可欺以方圆；君子审于礼，则不可欺以诈伪。"意思是：真正把绳墨放在面前，就不能用曲直来欺骗人；把秤悬挂在那里，就不能以轻重行欺骗了；把圆规曲尺放置在那里，就不能以方圆欺骗人了；君子如果明察礼的内容，就能够鉴别那些欺诈虚伪的骗人手段了。荀子把礼比喻成绳墨、秤和圆规，显然是把它当作了一项行为检定的准则。对于人的任何行为，一旦与礼的准则相对照，就能判断出哪些行为合乎要求，而这样的礼显然就起到了指导和规范人的行为的作用。这时，对那些有违礼的行为，哪怕个人在情感上对这种行为有多么依赖，都是必须受到制约的。这时，礼的抑制作用也就表现出来了。这种抑制是通过外界强加给自身的，也就违背了个人的意愿，蔓延到社会上，势必造成一定的负面影响。这在一定程度上，与儒家仁的主张相违背。

在《孟子·告子章句下》第一节中，有这样一番描述：有个任国人问屋庐子说："礼和饮食，哪个重要？"屋庐子说："礼重要。"任国人又问："性爱和礼哪个重要？"屋庐子说："礼重要。"任国人说："要是按照礼的要求去求食，就会饥饿而死；不以礼的要求去求食，就能够得到饮食，难道必须要按照礼来要求自己吗？如果按照礼来迎亲，就会得不到妻子；如果不按照礼的要求来迎亲，就能够得到妻子，难道必须要按照礼的要求来迎亲吗？"屋庐子不能回答这个问题，于是，第二天便到邹国去告诉孟子。孟子的回复是："扭住兄长的胳膊而夺取他的饮食，就能够得到饮食；不扭住兄长的胳膊，就不能够得到饮食，那么你扭吗？翻越过东边邻居的墙去搂抱他家的姑娘，就可以得到妻子；不搂抱就得不到妻子，那么你会去搂抱她吗？"孟子给出的回复态度很明朗，礼的行为不单单是用来满足生存需要的，还是用来调节和处理人际关系的。这其中也包含了儒家对礼本身的要求，即，礼首先是用来规范自身行为的，如果自身行为规范了，还会超出其本分，向别人伸出索取之手吗？

所以，孔子提出的"博学于文，约之以礼"，所针对的对象首先用于自身。试想，一个人拥有了广博的智识，具有超强的分析判断和解决实际问题的能力，同时自身的各种行为又都合乎礼的规范，那么，这样的人怎么能不担当起治国平天下的重任呢！让这样的人来治国平天下，又怎能不会实现国强民富、天下太平的目标呢！这不就是儒家的政治愿望吗！

4. 敬而无失，恭而有礼

伊斯兰教内部流传着一句充满人情味的话："天下的穆斯林都是兄弟。"伊斯兰教创立于公元7世纪初，比孔子等儒家先贤们生活的那个时代，晚了一千多年。之所以将二者并提，是因为儒家先贤们当时喊出了与伊斯兰教相类似，但更大气、响亮的话语："四海之内皆兄弟也。"这句话出自《论语·颜渊篇》。该篇记述了这样的一次对话——司马牛忧伤地叹道："别人都有兄弟，唯独我失去了。"子夏听了后回答："商闻之矣：死生有命，富贵在天。君子敬而无失，与人恭而有礼，四海之内皆兄弟也。君子何患乎无兄弟也？"意思是：我听说过，"死生有命，富贵在天"，君子只要对所做的事情充满敬意，不出差错，对人谦恭，符合礼的规范，那么，天下人就都是自己的兄弟了，而又何必忧愁没有兄弟呢？

看了这个记述就会知道，子夏所说的"四海之内皆兄弟也"是有前提的，即"敬而无失，与人恭而有礼"。这里面就包含了"敬"与"恭"这两种儒家对人的外在行为的要求。在《论语·子路篇》中，孔子将它们区别为："居处恭，执事敬。"意思是：与人相处时做到谦恭待人，办理事务时要严肃端正。这也就是儒家心目中"敬"与"恭"的具体表现。那么，敬与恭与礼之间是什么关系呢？

《孟子·告子章句上》第六节中写道："恭敬之心，礼也。"意思是：恭敬之心，就是礼的行为规范。这句话，实际上也是表明礼的内涵：内心具有恭、敬的认识，再将这种认识表现出来，就是礼。也就是说，儒家倡导的礼，应该是与人的心性相一致的一种外在表现，而不是为达到某种目的的刻意表演。在《论语·子路篇》中，孔子认为："上好礼，则民莫敢不敬。”意思是：在上位者只要重视礼，老百姓就不敢不敬畏。这也是儒家看重的德化作用的一种形式。儒家认为，只要居上位的执政者以修身来成就自身的美德，然后以这种美德践行于具体施政过程中，那么，老百姓不用什么强迫措施就能受到感化，进而效仿施政者的美德，天下的风气和社会秩序也就会跟着好转起来。作为上位者，首先当从君主大臣们做起。在《论语·八佾篇》中，孔子提出君臣之间的行为规范：“君使臣以礼，臣事君以忠。”意思是：君主使唤大臣时，要用礼的形式；大臣替君主办事时，要忠心耿耿。君主用礼的形式来使唤大臣——按照孟子的观点，君主要想使唤大臣，首先其内心必须有恭敬之心。

在《孟子·离娄章句下》第三节中，孟子说道：“君之视臣如手足，则臣视君如腹心；君之视臣如犬马，则臣视君如国人；君之视臣如土芥，则臣视君如寇仇。”意思是：君主看待臣子如同看待自己的手足，臣子就会把君主看待如同心腹；君主看待臣子如同犬马，臣子就会把君主看待如同常人；君主看待臣子如同尘土草芥，臣子就会把君主看成强盗仇敌。孟子的这番话，从正反两个方面讲述了君臣相处的关系。其中既包含了儒家仁的要求，也包含了君臣相处过程中相互尊重的重要性。这种尊重中就包含了“敬”和“礼”的表现形式以及它们对调节和维护人际关系的重要性。

在《论语·八佾篇》中，孔子说得更为直白：“居上不宽，为礼不敬，临丧不哀，吾何以观之哉？”意思是：居于执政地位的人，不能宽厚待人，行礼的时候不恭敬，参加丧礼时也不悲哀，这种情况我怎么能看得下去呢？孔子的这番话，进一步表明了儒家对礼这种形式的要求：礼尽管看起来只是一种表现形式，但作为施行方来说，这种行为不应该流于表面，而应该是发自内心的对他人的敬重。如果只是拿来作为人际交往中的一种应付手段，那么，施礼之人不但不会受人尊重，反而会让人当作一种羞辱而产生报复之心，从而酿成摩擦纷争。这同孟子上面所说的“臣视君如寇仇”的道理一样。

在《礼记·曲礼》篇中，多处涉及君臣之礼。针对国君，其中规定，国君行车途中遇见大臣时，要“凭轼行礼”；“国君不乘奇车。车上不广咳，不妄指。立视五巂，式视马尾，顾不过毂。国中以策彗恤勿驱。尘不出轨。国君下齐牛，式宗庙。”意思是：国君不可乘奇邪不正之车，在车上不要大声咳嗽，不要随便指指点点；站着，视线达到车轮转动五周的距离；凭轼行礼时，视线只达到马尾；回头看时，视线不得超过车毂；进入国都就改用策彗轻轻搔摩驾车的马，降低车速，使尘土不至于飞扬到车辙之外；国君经过宗庙的门口要下车，遇见供祭祀用的牛要凭轼致敬。还有就是，“国君不名卿老世妇”，意思是：国君不可直唤上卿、世妇的名字。而针对大臣就更多了。比方说，针对使臣和使者就有如下的规定：

凡是被国君派作使臣的人，接到使命之后就不得在家逗留，要立刻出发。传达国君命令的使者来到，主人就要穿上朝服在门外拜迎，并说有劳尊驾。使者回去时，还要到门外拜送。如果派人到国君那里去，就得像亲自朝见国君那样，先穿上朝服再派遣使者。使者从国君那里回来，一定要下堂迎接使者带来的君命。

随着儒家获得正统地位，儒家倡导的礼在日常生活当中日益体现为一些无处不在的礼仪形式。比如说，宾主见面礼。这其中有揖礼。揖，是拱手的意思。揖礼的具体做法是：左手压右手，手藏在袖子里，举起来贴到额头上，再鞠躬九十度，然后起身，同时将手移到与眉毛相齐的位置，做完后才放下。这是正规的揖礼。一般揖礼是，直立，两臂合拢向前伸直，右手微曲，左手附其上，两臂自额头位置下移至胸部，同时上身鞠躬四十五度。还有拜礼。它的表现形式为：直立，举手加额如揖礼，鞠躬九十度，然后直立——这段叫鞠躬，同时手再次随着齐眉；然后双膝同时着地，缓缓下拜，手掌着地，额头贴手掌上——这叫拜，然后直起上身，同时手随着齐眉——这叫兴；然后根据礼节或再拜或平身，平身时，两手齐眉，起身，直立后手放下。此外，还有拜手礼、再拜礼、顿首礼、稽首礼等。

从人际交往上来看，如果将这些礼仪在现实中普及推广开来，的确能在一定程度上体现出一种对他人的恭敬，也能在一定程度上减少人际关系中的摩擦纷争。这应是儒家对礼大加推崇的缘由所在。孔子在《论语·泰伯篇》中就指出："恭而无礼则劳，慎而无礼则葸，勇而无礼则乱，直而无礼则绞。"意思是：只是恭敬而不以礼来指导，就会徒劳无功；只是谨慎而不以礼来指导，就会畏缩拘谨；只是勇猛而不以礼来指导，就会鲁莽惹祸；直率而不懂礼就会尖刻伤人。孔子的用意十分明显，礼不仅仅是一种行为规范，还是一种处理人际关系的有效手段。在行事过程中，只有用礼来加以指导，才会让人际关系变得和睦，使事务处理得更加圆满。

儒家倡导的礼尽管有积极的一面，但因其立足点是站在维护等级秩序之上的，所以，这样的礼往往就被统治者加以利用，从而成了奴役老百姓的一种精神枷锁和强迫工具。当然，如果仅从调节人际关系的角度来看，今人如果把"敬而无失，恭而有礼"当作待人接物的方式，那么，有理由相信，这样的人在人际交往中必定会左右逢源，广受欢迎。

5. 不学礼，无以立

源于人的本性，来到这个世上的每一生命个体，稍通人事之后，就会对自己的人生有了诸多美好的诉求。然而，缘于人类智识高度上的有限性，在这个世上，也就有许多不如人意之处。在物质需求方面，不可以做到人人各取所需；在精神满足方面，那些声色怡情的东西不能够做到随时尽享。这时，人的私欲会支配人去刻意追逐这些物质需求和精神满足。人，本是作为社会人存在的。在社会上，可以说人人时刻都在受着私欲的支配。如果大家都听从私欲的支配，以无穷的欲望去追逐有限的资源，其结果必然是各种纷争随之而起，此起彼伏。由此，社会也就变得动荡不安起来。面对这种情形，儒家先贤们提出通过道德修养来控制欲望的主张。但不可否认的是，人的欲望当中有其合理的成分，它是人类改造自然和推动社会进步的动力之源。这就涉及一个控制欲望限度的问题。那么，怎么把握这种限度或者说怎样才能做到追求利益的同时不损及他人的权益呢？儒家先贤们给出的措施就是礼，并把它上升到安身立命的高度，即人立身于社会的手段。

在《论语·季氏篇》中有这样一段对话：有一天，陈亢问伯鱼（伯鱼是孔子的儿子，与颜渊等一起随孔子学习）：“你在老师那里听到过什么特别的教诲吗？”伯鱼回答说：“没有呀！有一次他独自站在堂上，我快步从庭里走过，他说：‘学《诗》了吗？’我回答说：‘没有。’他说：‘不学《诗》，就不懂得怎么说话。’我回去就学《诗》。又有一天，他又独自站在堂上，我快步从庭里走过，他说：‘学礼了吗？’我回答说：‘没有。’他说：‘不学礼就不懂得怎样立身。’我回去就学礼。”这些对话，体现了孔子对修身立世的两项要求。其一，不学《诗》，无以言。为什么这么说呢？在《论语·为政篇》中孔子说：“《诗》三百，一言以蔽之，曰：‘思无邪。’”意思是：《诗经》三百篇，可以用一句话来概括它，就是思想纯正。儒家的人格修炼中的一项重要内容就是“正心”。让自己的心地变得纯正后，再修身，让善和诚彻底融入心性。学习《诗经》让心地纯正后，就完成了修身的前奏，这时，说出来的话就是言为心声、表里如一。

儒家修身是为了以后能以强大的精神支柱融入社会，施展个人抱负，即是为了治国平天下。那么，怎样才能融入社会呢？这就是上述孔子的第二项要求：不学礼，无以立。孔子把掌握礼，视作个人立身的先决条件和必要条件。

在《荀子·礼论》篇中，荀子对礼的社会性做了充分阐述。“礼有三本：天地者，生之本也；先祖者，类之本也；君师者，治之本也。无天地，恶生？无先祖，恶出？无君师，恶治？三者偏亡，焉无安人。故礼，上事天，下事地，尊先祖，而隆君师。是礼之三本也。”意思是：礼有三个根本：天地是生存的根本；先祖是宗族的根本；君主是治国的根本。没有天地，人怎么生存？没有先祖，人从哪里来？没有君主，天下怎么太平？这三者缺少一个方面，天下就无法安宁。所以，礼，上用来祭天，下用来祭地，尊崇先祖而推崇君主，这是礼的三个根本。荀子的这番话，说出了礼的社会性的三个方面：指导生存、维护秩序和安定人心。

荀子是主张人性恶论的。在《荀子·性恶》篇中他说："人之性恶，其善者伪也。今人之性，生而有好利焉……生而有疾恶焉……生而有耳目之欲，有好声色焉。”意思是：人的本性是恶的，那些善良的行为是人为的；人的本性从一生下来就有贪图私利之心，就有好忌妒仇恨的心理，就有爱好声色的本能，喜欢听好听的，喜欢看好看的。如果遵从人的本性，“必出于争夺，合于犯分乱理，而归于暴”——就一定会发生争夺、违反等级名分、扰乱等级秩序的事，从而引起暴乱。一旦发生暴乱，就会危及人的生存权。这时，荀子认为，如果“必将有师法之化，礼义之道，然后出于辞让，合于文理，而归于治”——一定要通过学习教化、礼义，才能确立合乎等级制度的正常秩序，实现社会的稳定。通过礼义的引导，社会上就没有了纷争暴乱，人的生存权也就得到了保障，社会也就跟着变得安定了，社会自然就变得有秩序了。

在《荀子·王制》篇中，荀子把礼本身作为社会行为的一种调节手段，因而给出了这样的建议："听政之大分：以善至者待之以礼，以不善至者待之以刑。”意思是：在朝廷上听取意见处理政事的要领在于对那些带着好的建议而来的人，就用礼节对待他；对那些怀着恶意而来的人，就用刑罚对待他。荀子的这个建议表明，儒家在把礼视为一种社会行为的同时，也把礼视作一项规范人的行为的一种法的诫勉和约束。这样，礼的实质也就转变成礼法了。在任何社会，法都是其成员必须遵守的行为准则。一个不懂法的人，除了得不到法的保护外，更多的时候，所受到的都是法的制裁。从这个角度来说，儒家的礼就成为必须遵守的一种行为规范，而不再依靠个人基于认知上的自觉接受。一个社会人，如果不知道立身社会的行为规范，那么，这样的社会对他来说也就没有立足之地了。这时，还谈什么立身呢?

从个人角度来说，儒家倡导的礼，不仅是一种行为规范，更是做人的一项基本素质。这种素质，是内在的道德要求与外在的礼的形式要求结合在一起体现出来的。它的行为特点就是今人所说的"内强素质，外树形象"。一个显而易见的现实反映是，一个具有礼的素质又处处严格以礼的形式来待人接物的人，必定处处受人敬重。他所营造出来的人际关系，必是融洽的人际关系。现代心理学知识告诉人们，人际关系融洽的人，办事效率往往都是事半功倍的。

从修身的角度来看，接受和遵从礼的引导，实质上就是律己，呈现出来就是对他人的尊重。现代心理学研究表明，获得他人的尊重，是人的一种本性需要。人处在社会中，总会遇到被人求的时候。对于被求者来说，他就相对处在了强势地位。这时，礼的表现形式反映出来的就是一种处世心态。如果被求者处处以强者自居，不论自己对所求之事有无能力办得到，首先就表现为态度傲慢、语气生硬，那么，轻则会给求人者以心灵伤害，重者会酿成纷争打斗。反过来更是如此。

所以，"不学礼，无以立"不仅仅是一种口头上的说教，其实质更是一种社会经验的总结。一个彬彬有礼的人，总是比无礼之人更能做到随时随地安身立命，营造出和谐融洽的生存环境来。这一点，放在任何时代都不会过时。

6. 克己复礼，天下归仁

儒家思想的核心精神在于一个“仁”字。什么是仁？在《论语·颜渊篇》中，孔子给出的回答是：“爱人。”怎样才能做到“爱人”，孔子回答道：“克己复礼为仁。一日克己复礼，天下归仁焉。为仁由己，而由人乎哉。”意思是：克制自己，一切都照着礼的要求去做，这就是仁；一旦这样做了，天下的一切就都归于仁了；实行仁德，完全在于自己，而不在于别人。孔子对仁的解释，其实是站在不同的角度上得出的结论。爱人，即爱惜别人，是站在内在情感的角度上提出的，指的是一种人性美德；克己复礼，是站在以内在修身品德来支配行为的角度上而提出的，它是一种外在的合乎儒家规范的行为。儒家的品德修身，为的是将来能够以道德的力量来治国平天下。要实现这一政治目标，首先就得培养起仁德。

在《荀子·王制》篇中，荀子对仁推崇备至，把它归于强国的先决条件。“彼王者不然：仁眇天下，义眇天下，威眇天下。仁眇天下，故天下莫不亲也；义眇天下，故天下莫不贵也；威眇天下，故天下莫敢敌也。以不敌之威，辅服人之道，故不战而胜，不攻而得，甲兵不劳而天下服，是知王道者也。知此三具者，欲王而王，欲霸而霸，欲强而强矣。”意思是：那些奉行王道的君主就不是这样，他的仁爱高于天下各国，道义高于天下各国，威势高于天下各国；仁爱高于天下各国，所以天下没有谁不亲近他；道义高于天下各国，所以天下没有谁不尊重他；威势高于天下各国，所以天下没有谁敢与他为敌；拿不可抵挡的威势去辅助使人心悦诚服的仁义之道，所以不战而胜、不攻而得，不费一兵一甲天下就归服了，这是懂得称王之道的君主。懂得了上述或王、或霸、或强的条件的君主，想要称王就能称王，想要称霸就能称霸，想要致强就能致强。

儒家把仁视作无敌于天下的利器，为此在国家治理上提出了施行仁政的主张。而克己复礼，应是涵盖了从修身到济世这一过程中对人的行为的要求。它包含了克己和复礼两个层次的内容。

克己，就是克制自己，即当个人的欲望与社会规范之间产生冲突时，以牺牲个人的欲望来遵从社会规范。这种克制，按照儒家的修身要求，它应是基于道德之上的自觉自愿。也就是说，儒家所要求的克制，并不是一种泯灭人性的心理强迫，也不是施以肉体上的外界强迫，而是一种支配人性向善的品德塑造。在《论语 · 子路》中，孔子说："其身正，不令而行；其身不正，虽令不从。"意思是：当管理者自身端正，做出表率时，不用下命令，被管理者也就会跟着行动起来；相反，如果管理者自身不端正，而要求被管理者端正，那么，纵然三令五申，被管理者也不会服从的。管理者怎样才能做到端正呢？当他面对功名利禄时，面对情色肉欲时，怎样才能做到不为所动？这靠的就是克制——克制内心的私欲。

早在《尚书》中就有这样的说法："惟圣罔念作狂，惟狂克念作圣。"意思是：圣人如果迷惑了做人的欲念就会变成狂人，狂人如果能够克制内心的欲念就能变成圣人。狂人和圣人的区别就在一"念"之间，其中起作用的就是对这种"念"的克制。这种克制，是出于不断向善的内在要求。在《论语 · 里仁篇》中，孔子说："见贤思齐焉，见不贤而内自省也。"意思是：见到贤人，就应该向他学习、看齐；见到不贤的人，就应该自我反省自己有没有与他相类似的错误。这其中的思齐和自省，就是一种积极的品德要求。

儒家的政治理想就是希望统治者以仁政行天下。要实现这种理想，一个必不可少的手段就是复礼，即在天下恢复礼的行为。儒家关于礼的行为，在《礼记·曲礼》篇中有大量描述。比方说，其中涉及天子之礼；君臣、上下、父子、兄弟之礼；君子、士人之礼；朝拜之礼；丧葬之礼；侍奉之礼；出聘之礼；用物之礼；会见之礼；就餐之礼以及坐、立的礼仪；等等；涵盖了生活的方方面面。在社会上恢复了礼的行为以后，孔子要求人们对待社会行为就要做到："非礼勿视，非礼勿听，非礼勿言，非礼勿动。"那么，什么样的行为才合乎礼的要求呢？

在《左传·召公二十六年》中，针对礼有这样的描述："君令臣共，父慈子孝，兄爱弟敬，夫和妻柔，姑慈妇听，礼也。"应该说，这番话所体现的是礼的行为实施过后所取得的良性效果。这种效果，应该是儒家心目中的理想效果。既然礼能取得这样的良性效果，那么，复礼也就是一种势在必行的社会要求。但是，有人据此指出，孔子一方面要人克制自己的欲望，提出让礼来主导人的行为，这样一来，也就等同于提出了不为今人所接受的"存天理，灭人欲"的泯灭人的固有的正当欲念的主张，这实际上就是在泯灭人性。对此，该怎么看待呢？

其实，孔子克己复礼的主张，目的是为了让人内心具有仁德。在《论语·里仁篇》中孔子说道："苟志于仁矣，无恶也。"意思是：如果立志于仁，就不会做坏事。如果一个人立志让自己具有仁德，他就不会做坏事，那么，那些内心已具有仁德之人，他的内心都具有善的美德，没有恶念了，这不正是人类的崇高道德追求吗？在《论语·八佾篇》中，孔子就发出了这样的声音："人而不仁，如礼何？人而不仁，如乐何？"意思是：一个人没有仁德，他怎么能实行礼呢？一个人没有仁德，他怎么能运用乐呢？也就是说，孔子的克己复礼，并不是要泯灭人的正当欲望，而是为实现一种更合乎社会需要的行为规范。这种规范是完全建立在美好人性之上的。

针对礼的行为，在《论语·子罕篇》中孔子有另一种态度："麻冕，礼也；今也纯，俭，吾从众。拜下，礼也；今拜乎上，泰也；虽违众，吾从下。"意思是：用麻布制成的礼帽，符合于礼的规定；现在大家都用黑丝绸制作，这样比过去节省，我赞成大家的做法；臣见国君，首先要在堂下跪拜，这也是符合于礼的；现在大家都到堂上跪拜，这是骄纵的表现；虽然与大家的做法不一样，我还是主张先在堂下拜。从这番话中可看出孔子的态度是，礼是一种在社会交往过程中体现人际关系的行为方式，它重在展现内心行为意识的表达，而不体现在物质和环境塑造上。也就是说，礼所体现的是对他人的敬重，它应是内心的真实流露，而不是流于应付的表演。富人家以给父母吃山珍海味、穿绫罗绸缎来体现孝心，而穷人家根本无力做到这一点，但如果他尽了自己的能力，虽给父母吃粗茶淡饭、穿粗布衣衫，也同样无损他的孝心。在《论语·八佾篇》中，孔子表达了同样的观点：“礼，与其奢也，宁俭；丧，与其易也，宁戚。”意思是：就礼节仪式的一般情况而言，与其奢侈，不如节俭；就丧事而言，与其仪式上置办周备，不如内心真正哀伤。这其中的节俭和哀伤，其动机和出发点本身就是仁。

所以，“克己复礼”与“天下归仁”二者之间是相互促进、互为因果的关系。能够以克己复礼的心态来培育仁德，这样的行为就是天下人的表率；能够以仁德的目标来克己复礼，实现的结果必定能培育起仁德。具有仁德，天下就可向化而治。

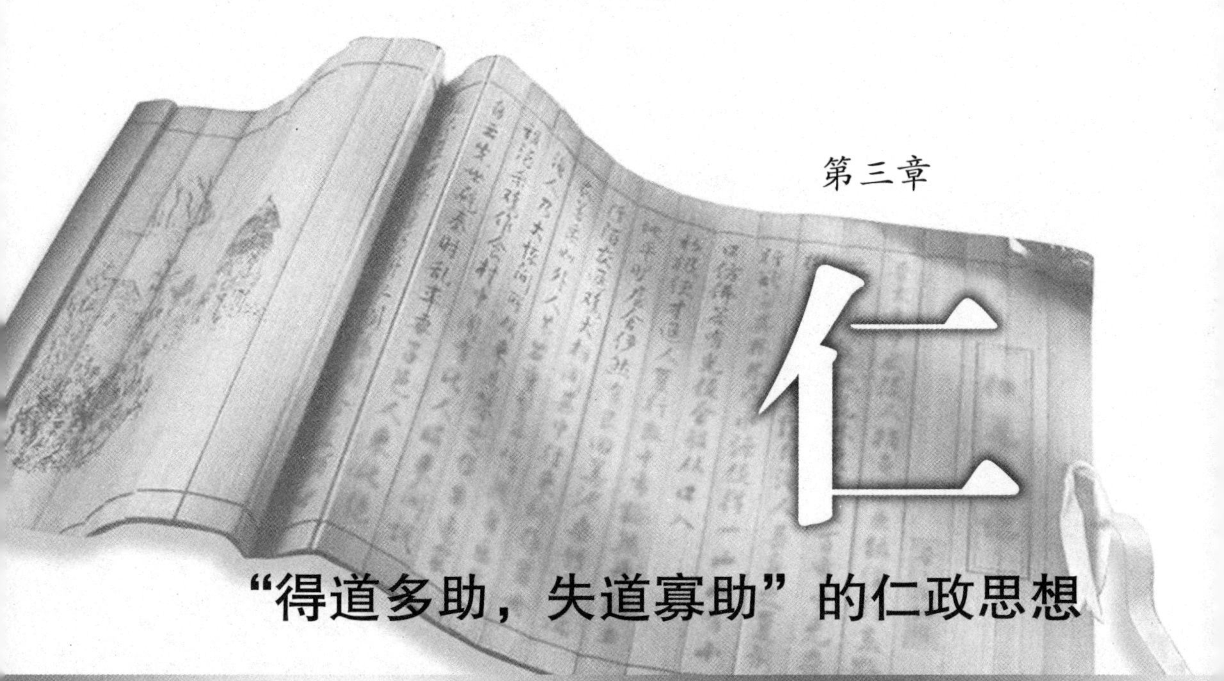

第三章 仁

“得道多助，失道寡助”的仁政思想

“仁”是儒家学说最核心的理念之一。无论从修身齐家的角度还是治国平天下的角度，仁义之道都是儒者应当“一以贯之”的根本精神。儒家伦理道德致力于培养有道君子，“仁义礼智信，温良恭俭让”，出发点无非一个“仁”字。儒家治国思想博大精深，但笼统而言无非体现在“仁政”二字上。

儒家之所以坚持用仁义道德教化民众，是因为相信人性本善。孟子是人性本善学说的提出者。在他看来，人们有四种与生俱来的善，儒家伦理道德也是由这些先天之善演化而出的。因此，保养内心的善，成为儒家练心功夫的一个重要目标。通过礼义教化，不断发扬自己内心的善，最终实现人人皆可为尧舜的境界。

对于儒家来说，“天时”“地利”都不如“人和”重要。因为人和意味着举国上下万众一心，强大的凝聚力将使得一个国家和民族变得不可战胜。但是要想做到“人和”，就得取信于民，让民众亲近自己。若想实现这点，就必须以仁政治国理民。无论是统治者还是民众，都应该按照儒家道德规范所要求的那样爱人和敬人。你的仁爱之心，会让你收获众人回报的关爱。你对其他人尊敬，其他人才会反过来尊敬你。这不仅仅是个体的做人修养，也是为政者应当具备的仁德。假如为政者不能带头示范儒家伦理道德，仁政就难以贯彻执行。

儒家说“仁者无敌”，因为“得道多助，失道寡助”。但在现实中，空谈道义而胸中实无一策的腐儒只会变成世人的笑柄。孟子的立论虽高，但脱离了其他方面的支持，就会沦为盲目乐观的空谈。故而荀子吸收其他学派的思想精华，提出了一套“义立而王”的以仁政为基础的新王道说，大大丰富了儒家仁政思想的内涵。

1. 人之初，性本善

《三字经》开篇的“人之初，性本善”思想，来源于儒家亚圣孟子的“性善论”。

孟子曰：“人皆有不忍人之心。先王有不忍人之心，斯有不忍人之政矣。以不忍人之心，行不忍人之政，治天下可运之于掌上。”（《孟子·公孙丑上》）

所谓“不忍人之心”指的是人们与生俱来的善念。先王有“不忍人之心”，故而能推行爱民的王道仁政。按照儒家的治国理念，只要能坚持推行仁政，就可以让治理天下变得易如反掌。而人性善良的本质，就是儒家仁政的哲学基础。如果不了解“性善论”的话，就无法真正理解儒家以仁为本的人文主义精神。

“人性之善也，犹水之就下也。人无不善，水无不下。”孟子认为，人性向善就如同水往低处流一样是颠扑不破的自然规律。具体而言，人性之善包含了四个方面：

其一，恻隐之心，即对他人的不幸遭遇表示同情。

其二，羞恶之心，即懂得什么东西是羞耻的该唾弃的。

其三，恭敬之心，即对他人以礼相待而不轻慢。

其四，是非之心，即辨别大是大非的原则性。

孟子认为，这四种心“人皆有之”。他还进一步阐发道：“恻隐之心，仁也；羞恶之心，义也；恭敬之心，礼也；是非之心，智也。仁、义、礼、智，非由外铄我，我固有之也。”

仁义礼智是儒家推崇的君子之德。孟子将四种善心分别对应儒家的四种德行。按照这个逻辑，人们只要学习了儒家学说，就能把与生俱来的善良本性转化为儒家道德。这就是孟子“性善论”的基本要义。

在这里，孟子首先假设了恻隐、羞恶、恭敬、是非之心的存在，并将其视为每个人与生俱来的本性。

他举例说，假如有一个幼童即将掉入井中，看见的人都会产生恻隐之心。这并不是因为救援中想与孩子的家长拉关系，也不是想在乡里四邻中博取义举之名，更不是由于讨厌这幼童的哭喊。人们的恻隐之心几乎是自然发出的，相当于一种本能反应。所以，孟子将其假设为人之善良天性。

于是，按照亚圣的定义，“由是观之，无恻隐之心，非人也；无羞恶之心，非人也；无辞让之心，非人也；无是非之心，非人也。”(《孟子·公孙丑章句上》)意思是：没有恻隐之心，对人和事物缺乏怜悯和体恤；没有羞恶之心，做人做事不懂什么叫羞耻；没有辞让之心，凡事争先恐后、你争我夺；没有是非之心，认为世间的一切是非不值得维护。这四种人也许在历史上并不少见，但孟子尖锐地指出，他们没有善良的人类天性，所以根本不能算“人”。在儒家语境下，一切都变得泛道德化。只有符合儒家伦理的人才能被称为“人”，反之，连“人”都不是。所以，儒家经典常常批评某些人的“禽兽言行”。

按照人们的经验，恻隐、羞恶、恭敬、是非四种心的确普遍存在。但除此之外，人心也有丑恶的一面。早在上古时代，圣王舜帝就对治水有功的大禹说：“人心惟危，道心惟微。”而活动年代比孟子稍晚的荀子更是针锋相对地提出了人性本恶学说。但孟子巧妙地将自己假设的人性与儒家伦理规范直接挂钩，为后天教育形成的君子德行赋予先天的合理性。这使得后世儒者大多沿着孟子的人性本善论来构建自己的政治主张。

孟子提出性善论，并非思想家的哲学思辨游戏，而是为了解决当时的社会危机。

战国时期诸侯纷争，兵燹频发，生灵涂炭。孟子志在向列国推行仁政，以减少兼并战争给各国人民带来的灾难。他继承了孔子的仁政思想，希望能以儒家的仁义礼智来教化世人向善。孟子认为，每个人都能通过加强自身修养而成为圣贤仁人。而一国之君同样也可以凭借推行王道仁政来安定民心，与人民和谐共处。

性善论表面上只是一种对人性善恶的思考，实际上建立了一个以“善”为核心的价值观。孟子所说的“善”几乎囊括了儒家提出的所有道德规范。虽然他没有直接提出格物、致知、修身、齐家、治国、平天下的儒家圣人进阶路线图，但已经初步形成了这种思想体系。

恻隐之心是“仁”的起点;羞恶之心是“义”的起点;辞让之心是“礼”的起点；是非之心是“智”的起点。人们应当将这四种善良的本心发扬光大。如果有人具备这四种善心还认为不能经世济民，是自暴自弃的窝囊废；而认为自己的君主不行的人，就是背叛君主的人。

所以，性善论推导出的儒者修身之道，以扩大充实恻隐、羞恶、辞让、是非之心为起点。修炼好自己善良的本心，就能安定天下，否则，连赡养父母都很吃力。

当梁惠王问孟子儒学能给魏国带来什么好处时，孟子直接批评他说：“王何必曰利？亦有仁义而已矣。”虽然大多数人认为孟子此说迂腐不堪，但结合其性善论来看，也并非毫无道理。

在孟子看来，天下纷争起于人性迷失。世人迷失了善良的本性，变得贪财好利、残暴不仁。他把这一点看作是各国相互攻击的根本原因。若要从根本上切断战乱根源，就要用以“善”为中心的儒家思想体系来教化人心。士子庶民以儒学修身，恢复自己的善良本性，按照儒家君子的道义去做事，就不会有作奸犯科的行为。而君臣贵族所在的上流社会，若是能带头推行仁义，保障老百姓的生存权，并做他们效法的道德楷模，就能让全天下都舍弃争斗、集体向善。

孟子致力于弘扬儒家大道，而不屑于钻研功利学说。他并非一味与社会实际脱节，只是希望用性善论及儒家仁政来正本清源。孟子相信，只要梁惠王能推行仁义，其他附带的利益都会自动到来。

对于人性沦丧的社会现实，孟子并非熟视无睹。他说：“富岁，子弟多懒；凶岁，子弟多暴。非天之降才尔殊也，其所以陷溺其心者然也。”意思是：在年成好的时候，人们往往容易变得懒惰；而在年成不好时，人们往往会变得凶暴。这是因为他们常常沉溺于物欲，而放弃找回自己善心的结果。所以，孟子创立的性善论始终以唤醒世人本性中的善良为目标。

后世的儒者大体继承了孟子的性善论。尤其是宋明理学家，更是将性善论发展为心性学说。

近代人十分推崇的阳明先生王守仁，他是儒家心学的集大成者，他的心学思想体系中有一个“致良知”理论。

最先提出“良知”的依然是孟子。《孟子·尽心章句上》曰：“人之所不学而能者，其良能也；所不虑而知者，其良知也。孩提之童，无不知爱其亲者；及其长也，无不知敬其兄也。亲亲，仁也；敬长，义也。无他，达之天下也。”

在孟子看来，人们不用特意学习就能会的东西叫作“良能”；不经思考就能明白的道理就是“良知”。两三岁大的小孩没有谁不懂得喜爱双亲的。到他们年龄稍大的时候，没有谁不懂得敬爱兄长。亲近亲属，就是仁爱；敬爱兄长，就是道义。这些都是天下人共同的认知。

王阳明在此基础上进一步发挥，把“良知”解释为宇宙的本体、人性的根本。只要时时擦亮自己的内心，回归善良的天性，就可以做到“致良知”，进而获得修齐治平的儒家理想人格。这种练心功夫将“人之初，性本善”的儒家性善论发挥到了一个更高的层次。

2. 得道多助，天时地利不如人和

儒家学说诞生于春秋的纷争岁月，却一心追寻太平盛世才有条件推行的主张——以人文关怀为基础的仁政。这既是儒家了不起的地方，也是其不合时宜之处。他们认为自己的仁政主张最人性化，最能让民众与远方异族信服，从而达到“天下归心”的至高境界。但在残酷的现实面前，这种理想主义色彩十分浓厚的观念常常碰壁。

自从西周礼乐文明崩溃后，周天子无法再维持“郁郁乎文哉”的周礼，也失去了对四方诸侯的统御力。礼乐征伐不再从天子出，于是春秋诸侯以争霸为目标，试图建立以自己为主导的“新国际秩序”。此时齐桓公与管仲设计的王霸之道是主流思潮。而孔子师生不赞同称霸思想，一心想恢复井田制和周礼，致力于回到西周时代的秩序。于是列国君主虽对儒家心存敬意，却并不真正采纳其治国方略。

到了战国时代，诸侯以兼并为目标，战争空前激烈，破坏力远超以往任何时代。此时的社会主流意识是“战胜而强立，故天下服矣”，所以兵家、法家、纵横家等战斗力极强的学说被世人推崇。儒家在孟子的苦心经营下依然保持着显学地位，但仅仅是齐魏等国君王的座上宾，而不是真正意义上的帝王师。人文关怀当然好，但对富国强兵没什么实际用处。所以，每次孟子说仁政，君王们都是左耳进右耳出。

尽管如此，孟子依然不肯放弃自己的主张。他相信人文关怀是凝聚社会的根本，“仁者无敌”不是一句空话。

孟子曰：“天时不如地利，地利不如人和。三里之城，七里之郭，环而攻之而不胜。夫环而攻之，必有得天时者矣；然而不胜者，是天时不如地利也。城非不高也，池非不深也，兵革非不坚利也，米粟非不多也；委而去之，是地利不如人和也。故曰：域民不以封疆之界，固国不以山溪之险，威天下不以兵革之利。得道者多助，失道者寡助。寡助之至，亲戚畔之；多助之至，天下顺之。以天下之所顺，攻亲戚之所畔；故君子有不战，战必胜矣。"

所谓"天时"主要有两层含义：一是春生夏长秋收冬藏的时节规律；二是利于办成某事的时机。孟子这段话的"天时"指的是后者。古人对天时非常看重，不仅以实用的兵法之学来判断有利战机，还以神秘玄奥的阴阳之学来占卜吉日良辰。而古人常说的"天命所归"与"气数已尽"，也包含了得到或失去天时的意思。

"地利"也有两层意思：一是易守难攻的有利地势；二是土壤肥沃、物产丰富的地理区位。此处的"地利"主要指前者。对于帝王将相而言，地利的重要性不亚于天时。诸侯纷争常常是围绕地利展开。能否占据战略要地，是列国争霸的关键所在。例如孟子曾经去过的魏国，虽有发展经济民生的优越地理条件，但在军事上是个四处漏风的"四战之地"。魏国被齐、魏、赵等国先后击败，很大一部分原因在于腹心地带缺乏山川险阻的保护。

不过，在孟子看来，无论是天时还是地利都不如人和重要。那些眼睛一味盯着天时与地利的王侯将相，都偏离了正确的治国方略。

古谚语云："人心齐，泰山移。"所谓"人和"就是"人心齐"，举国上下对内和睦相处，对外同仇敌忾。儒家喜欢援引《诗经》《尚书》来阐发义理。借用《诗经·秦风·无衣》的话来说，人和就是"岂曰无衣，与子同袍"。大家荣辱与共，同穿一件战袍，向着同一个目标勇敢前进。

孟子那时战争频仍，月月都有城池攻防战。"三里之城，七里之郭"是当时各国城池的常见形态。内城墙三里、外城墙七里的城池，看起来不大，但被四面包围也未必能轻易攻克。能四面包围城池，必然是得到了天时——有利的战机。但就算这样也很难攻破小城池，可见天时的重要性不如地利。

那么，地利就靠得住吗？孟子给出了否定的回答。

金城汤池，坚甲利兵，粮草充足，军民众多，这样的城池照样有被攻陷的。守城的人自己弃城逃走了，再完善的城防体系也挽救不了军心民心的溃散。因此，孟子得出了一个结论：“域民不以封疆之界，固国不以山溪之险，威天下不以兵革之利。”

民众安居国内并不是靠边境线的封锁，国防牢固不是因为有山川险阻，威震天下不是靠精良的武器装备。决定胜负的是民心，是儒家一直弘扬的道义。拥有道义的人，就能得到更多的帮助。反之，助力就会大大减少，做事的阻力就会急剧上升。丢失道义到了临界点时，就会众叛亲离。而得道者广得人心，最终会赢得天下人的归顺。天下归心之人去攻打众叛亲离之人，自然是不战则已，战则必胜。

3. 爱人者人恒爱之，敬人者人恒敬之

若想推行仁政，执政者首先应当有礼义仁德之心。仁就是爱人，礼就是敬人。

孟子说：“君子所以异于人者，以其存心也。君子以仁存心，以礼存心。仁者爱人，有礼者敬人。爱人者，人恒爱之；敬人者，人恒敬之。有人于此，其待我以横逆，则君子必自反也：我必不仁也，必无礼也，此物奚宜至哉？其自反而仁矣，自反而有礼矣，其横逆由是也，君子必自反也：我必不忠。自反而忠矣，其横逆由是也；君子曰：‘此亦妄人也已矣！如此则与禽兽奚择哉！于禽兽又何难焉！”意思是：君子和普通人的差异在于，

他们心中的想法不一样。君子的内心中存有“仁”与“礼”。所谓“仁”就是珍爱他人，所谓“礼”就是尊重他人。珍爱他人的人，也会被众人所珍爱；尊敬他人的人，也会被众人所尊重。假设有人对我蛮横无理，君子必定先反省自己：对方对我态度不好，一定是因为我有哪个地方做得不仁或出现了无礼行径，否则他不会这样蛮横无理。假如反省后发现自己没有哪里做得不仁不礼，对方还是态度蛮横，君子就会再次反思自己有没有哪个地方做得不忠。倘若没有的话，对方依然态度蛮横，君子就会判断他不过是一介狂人而已。这样蛮横无理的人和禽兽没什么两样，君子怎能去责备像禽兽一样的人呢？

在儒家的定义中，人与禽兽的最大区别就是有没有伦理道德，即所谓的仁义礼法。

《礼记·曲礼上》说：“鹦鹉能言，不离飞鸟；猩猩能言，不离禽兽。今人而无礼，虽能言，不亦禽兽之心乎？夫唯禽兽无礼，故父子聚麀。是故圣人作，为礼以教人。使人以有礼，知自别于禽兽。”意思是：鹦鹉虽然能模仿人说话，但它终究是鸟类而不是人；猩猩虽然有自己的语音，但到底还是禽兽而不是人。但是，人如果不懂得礼义的话，就算能说话，也相当于长着一颗禽兽的心。因为禽兽不懂礼义，才会做出乱伦的事情。所以圣人创建了一套社会制度，用礼义来教化众人，使得人们懂得礼义，知道自己和禽兽的差异在哪里。

所以，在儒家思想根深蒂固的中国，骂人作“禽兽”是一种相当严重的侮辱。这意味着被骂的对象已经失去了做“人”的资格。所以，孟子希望人人都懂得仁与礼，懂得爱人和敬人，不要变成那种和禽兽一样没教养的狂徒。

孟子说：“是故君子有终身之忧，无一朝之患也。乃若所忧则有之。舜，人也；我，亦人也。舜为法于天下，可传于后世；我由未免为乡人也，是则可忧也。忧之如何？如舜而已矣。若夫君子所患，则亡矣。非仁无为也，非礼无行也。如有一朝之患，则君子不患矣。”

这段话是儒家修身的重要原则。君子没有一朝一夕的灾患，却有一辈子的忧虑。例如，上古圣王舜帝是个人，我也是个人；但舜帝是名垂后世的天下楷模，而我却只是一个碌碌无为的庸人。对于孟子来说，这才是人们最该忧虑的事情。

既然如此，该怎样解除这种忧虑呢？孟子的建议是按照圣王舜帝所做的那样去做。君子没多少值得忧患的事情，不做违反仁义的事情，不做违反礼法的举动。假如有一朝一夕的麻烦降临，君子也不会感到担惊受怕。

爱人和敬人，是推行儒家仁政的指导思想。这不仅是君子的处世原则，也是儒家为执政者列出的修养课程。作为国君应当爱护臣民、礼贤下士，不能把臣下当奴仆，不可把老百姓当牛马，也不能因为自己的地位尊贵就看不起地位卑贱的人。这样才能赢得民心，受到举国上下的拥戴。

当年秦穆公出游，不小心丢失了骏马。部下出去寻找时，发现一群乡野之民已经将马杀掉，正在吃肉。秦穆公闻讯后，不但没责怪他们，反而说：“寡人曾听闻，吃骏马的肉时不饮酒，是会死人的。”于是他下令赐酒给这几百乡民喝，而且直到他们吃饱喝足才离开。

三年后，晋国攻秦。秦穆公在战斗中不慎被晋军包围。正当晋军即将俘虏秦穆公时，秦军队伍里突然冲出数百战士奋勇杀敌，不但将秦穆公救出重围，还将晋惠公生擒。他们就是当年吃穆公马肉的乡野之民。

在等级森严的春秋时代，那些吃穆公马肉的“野人”（即国都之外的乡民）的社会地位不如“国人”（即国都内的平民）高。而“国人”阶层还不在贵族之列。他们分食国君马肉的罪过，在那个年代足以被杀死，但喜欢骏马的秦穆公，并不因为爱马而轻视人命，反而关心他们的健康，随之劝酒。虽然“吃骏马肉不喝酒会死人”的说法没有科学依据，但秦穆公的爱人之心由此可见。所以，那些乡野之民也感激穆公的仁爱，从而在战场上救了穆公一命。

需要注意的是，儒家的爱人敬人观念，并不意味着可以不分是非地敬爱所有人、顺从所有人。正如孟子所说，仁者爱人，有礼者敬人，遭到他人无礼对待时先反思自己，但自己确无过错时，就不必再对他人客气。此外，因为坚持是非原则而不惜得罪他人，这在儒家看来也是一种君子的美德。

孟子在齐国时，与将军匡章关系友善。这让他的学生公都子感到很疑惑。

有一天，公都子忍不住对孟子说："整个齐国都说匡章是个不孝之人。夫子重孝悌之义，却与举国公认的不孝之人交游，还对他十分礼敬。敢问夫子这是为什么呢？"

孟子解释道："世俗所说的不孝有五种：第一种不孝是好吃懒做，不赡养父母；第二种不孝是贪杯嗜赌，不赡养父母；第三种不孝是喜好钱财，偏爱妻子，却不赡养父母；第四种不孝是放纵耳目之欲，让父母脸上蒙羞；第五种不孝是逞能斗狠，惹出事端连累父母。但匡章没出现上述任何情况。他之所以被国人称为不孝是因为与父亲关系很差。而他与父亲交恶是由于相互以善相责所致。以善相责原本是交友之道。父子之间以善相责，最伤感情。匡章难道不希望获得夫妻父子之间的深厚感情吗？他因为得罪父亲而被疏远，才抛妻弃子，终身得不到奉养。但他心想，假如不这么做，不孝之罪就更严重。这就是匡章'不孝'的真相。"

孟子非常重视孝道。从某种意义上说，儒家是以孝道治理天下的，并将孝道引申为对君主的忠诚、对亲人的敬爱。全社会都推崇孝道，大家变得爱人和敬人，然后又被其他人所尊敬友爱。这样一来，举国上下都能关系融洽，没有苛政扰民，也没有小人惹事。

但孟子本人并不认为匡章真的是不孝之人。他得罪父亲是因为以善相责，坚持自己的原则。尽管对亲情的处理不够妥当，但匡章的行为没有违背孟子的孝悌思想。所以，孟子并不像齐国人那样对他另眼相看。

若想判断一个人是真君子还是伪君子，可以观察其对待他人的态度。真君子有时候可能会以善相责，直言不讳地指出他人的缺点，但其出发点却是爱护和尊敬他人。伪君子可能表面上彬彬有礼，但其内心并不真正关爱他人。所以一到关键时刻，就会暴露出生性凉薄的本质。

古代国君往往会标榜自己礼贤下士、仁德爱民。但在孟子看来，他们中的大多数都是吹牛皮，在具体环节上常常刻薄傲慢。这样的君主根本不可能落实儒家的爱民仁政。所以，孟子周游列国时才会反复宣扬爱人敬人之道，试图改变各国统治阶层不爱民敬士的毛病。

4. 仁者无敌，不是靠空谈道义就能实现的

儒家有句名言："恃德者昌，恃力者亡。"说的是依靠仁德发展者会繁荣昌盛，依靠武力发展者会灭亡。然而，在几千年的中国历史中，这句话常常与现实相左。穷兵黩武的恃力者最终都会灭亡，但在他们灭亡前，不少"恃德者"已经早一步从地球上消失了。仁义道德的力量真能与强大的武力叫板吗？无论有多少反面案例，儒家大师们依然对此深信不疑。例如孟子就率先提出了"仁者无敌"的口号。这个口号后来被无数"恃德者"与"恃力者"引用过。从某种意义上说，"仁者无敌"并不是伪命题，只不过"仁者"并不是靠空谈道义来获得力量的。

孟子提出"仁者无敌"是在会见梁惠王的时候。梁惠王也称魏惠王，由于魏国首都在大梁，时人常将魏国称作梁国，将魏王称为梁王。

当时魏国先后败给了东方的齐国、西方的秦国、南方的楚国。梁惠王想一雪前耻，便向闻名天下的孟子请教该怎样富国强兵。孟子回答道："地

方百里而可以王。王如施仁政于民，省刑罚，薄税敛，深耕易耨；壮者以暇日修其孝悌忠信，入以事其父兄，出以事其长上。可使制梃以达秦楚之坚甲利兵矣。彼夺其民时，使不得耕耨以养其父母。父母冻饿，兄弟妻子离散，彼陷溺其民，王往而征之，夫谁与王敌？故曰：‘仁者无敌。’王请勿疑！”

孟子认为，只要用方圆百里的土地就可以称王天下（魏国疆域超过方圆千里）。关键是要在国内推行仁政。具体措施是：在司法上减少刑罚；在财政上轻徭薄赋；在农业生产中推行深耕细作、及时除草的技术；让壮丁们在空余时间学习儒家的孝悌忠信思想，在家时恭敬地侍奉父母兄长，在外时谨慎地侍奉长辈与上司。只要推行了仁政，就算魏国百姓只拿着木棒，也能同仇敌忾地勇敢进攻拥有坚甲利兵的秦楚大军。因为秦楚等入侵者剥夺了魏国百姓的农时，使他们无法增加收入来赡养双亲。父母受冻挨饿，兄弟妻子离散各地。这对百姓们来说无异于万丈深渊。因此，当魏王去讨伐秦楚时，民众会积极响应。他们支持仁政，所以能上下一心共抗强敌。这就是所谓的“仁者无敌”。

梁惠王未能采纳这个意见，因为现实并没有孟子想象的那么乐观。当时魏国处于被列国围攻的形势，就算想推行孟子的仁政学说也难以迅速达到富国强兵的目标。况且，仁政学说本来就不以富国强兵为目标，甚至从某种意义上说与当时的社会需求有些背道而驰。的确，诸侯纷争，民心思定，但树欲静而风不止。在天下重新归一之前，兵家名士孙膑说的“战胜而强立，故天下服矣”才是时代的主题。这并不是说儒家仁政不好，也不是说儒家仁政没有价值，但只有在和平安定的环境下，儒家仁政才能贯彻执行。而在当时，想获得和平安定的环境，唯一的办法就是富国强兵，拥有其他竞争对手不敢来犯的强大实力。这恰恰又是儒家亚圣所不重视的地方。

按照孟子的理论，只要用儒家的孝悌忠信思想来教化民众，他们就会忠君爱国，就能变得勇敢无畏，拿着木棒都敢跟强大的敌军拼命。这个想法本身太理想化了。

早在孟子到魏国之前的几十年，魏文侯就尊儒家先师孔子的徒弟、孔门十哲中的卜子夏为座上宾。卜子夏在魏国开创了影响极大的西河学派，甚至连改革家李悝、军事家吴起等人，都可以算作西河学派的门生。虽然子夏的儒学与孟子继承的子思派儒学有很大差异，但也包含了儒家孝悌忠信等基本伦理道德。也就是说，在孟子游说梁惠王之前，魏国已经在很多方面借鉴了儒家理念。当然，这与孟子的仁政学说相比，系统不算十分完整。

纵然如此，魏国称霸时靠的是变法与征伐，这两项恰好是先秦儒家的短处。而魏国从霸主神坛下重重跌落，直接原因就是连连吃败仗。要想扭转局面，最急需的是再次变法以提高经济水平与军事能力，同时改变过去四处树敌的外交方针。而这些恰恰与孟子说的对策没什么关系。所以，孟子的“仁者无敌”在时人眼中不过是一句大而无当的空话。梁惠王虽然嘴上不说，但内心深处觉得孟子有些迂腐得可爱。

最终，孟子见游说不成功，又到了打败魏国的齐国去推行仁政主张，他甚至试图说服小诸侯国君滕文公来实践以井田制为基础的儒家仁政。可惜由于不合时宜，各国君臣只是对他尊以虚礼，而不真拿他当帝王师。

空谈道义自然是不切实际的，但通过仁政来凝聚人心，从而让统治者获得全国百姓的鼎力支持，并不是一个毫无根据的想法。相对于孟子这样的纯学问家，拥有仁政思想的政治家更善于将这种美好的治国理念落实到实践上。例如楚庄王时的令尹孙叔敖虽然不是儒家士子，但其执政方针与儒家的仁政有相通之处。

孙叔敖非常重视道德教化，使楚国吏、官、民关系变得和睦，从而上下同心，各地民俗也淳美朴实。孙叔敖为政宽和而不苛刻，而且楚国各级官府能保证令行禁止，因此吏员也不为非作歹，社会上也没有盗贼。他还非常重视经济民生，在秋冬时节鼓励百姓进山林采伐木材，到了春夏两季时再借汛期的洪水把木材运到山外（俗称“放排”）。如此一来，楚国民众的谋生之路变得更加便利，生活也因此安乐富足了。

还有一次，楚庄王觉得现有钱币太轻，便令人将小钱改铸为大钱。谁知由于新钱太重，民众使用不便，于是纷纷放弃了自己的生意，楚国经济秩序大乱。

这种不良现象持续了三个月。市令（楚国管理集市的吏员）不敢怠慢，立即向孙叔敖汇报。孙叔敖思考了五天后，上朝进谏楚庄王。他在讲述了市场乱象之后，申请恢复旧的货币制度。楚庄王同意了。这道命令才发了短短三天，楚国市场就恢复了正常秩序。

毫无疑问，孙叔敖这些举措都符合孟子的仁政思想，但当时楚国并不是采用孟子推崇的井田制，楚国礼法也不同于脱胎于周礼的儒家礼仪。由此可见，儒家仁政的关键在于贯彻仁者爱民的精神，而不拘泥于某种具体的制度。

据史书载，孙叔敖曾经三次做楚相，又三次离职。他在做相时没有沾沾自喜，在罢相时也没有灰心丧气。他自己以身作则，实行仁德，感染了身边的人。而他身边的人也在其熏陶下将这种仁德传播给四周的人。这使得楚国在当时一度成为仁政的典范。

与之相对应的是，楚庄王恰恰是春秋五霸之一，是楚国成就最高的明君雄主。他在位期间对内平定了若敖氏之乱，对外屡屡发动扩张战争，还留下了"问鼎中原"的典故。这与令尹孙叔敖以仁政凝聚民心的大政方针是分不开的。在经过整合之后，楚国上下关系和睦，朝野万众一心，达到了"人和"的至高境界。毫不夸张地说，假如没有孙叔敖的仁政对民众产生的强大向心力，政治体制较为松散的楚国不会出现这种鼎盛期。

从这个意义上说，孟子说的"仁者无敌"并非没有道理。只不过，"仁者无敌"不是空谈道义就能实现的。

孟子也向梁惠王提到楚国和秦国一样有坚甲利兵，军队能征善战。孙叔敖的仁政只能解决人心向背的问题。但在战乱年代，光有仁德并不能保境安民，还必须将民心化为民力，特别是战斗力。

曾经在儒家大师曾子（孔门十哲之一的曾参）门下学习的兵家名将吴起，曾经对魏文侯说过这样一番话："若以备（武器）进战退守，而不求用者，譬犹伏鸡之搏狸，乳犬之犯虎，虽有斗心，随之死矣。昔承桑氏之君，修德废武，以灭其国；有扈氏之君，恃众好勇，以丧其社稷。明主鉴兹，必内修文德，外治武备。故当敌而不进，无逮于义也；僵尸而哀之，无逮于仁也。"

这段话的意思是：魏文侯每年命人制作精良的武器装备，却不寻求能操作武器的人，这就好比像让母鸡与野猫搏命，让没断奶的小狗去侵犯老虎似的，虽然有昂扬的斗志，但随之而来的下场就是白白送命。古时候承桑氏的君主，主修仁德却废弛武备，所以国家被灭了。有扈氏的君主，仗着兵多将广而穷兵黩武，把自己的江山社稷给玩丢了。所以英明的君主应当引以为鉴，治理国家必须内修文德而外治武备。面对敌军来犯而不敢应战，谈不上是道义；面对阵亡将士的遗体而感到哀痛，也谈不上是仁慈。

由此可见，"仁者无敌"的前提是文武兼修，而不是盲目相信仁义道德能解决一切问题。如果说儒家的仁政是"内修文德"，那么"外治武备"就是仁政须臾不可离的有力保障。唯其如此，才能让孟子宣扬的"仁者无敌"不至于沦为道德家的空谈。

5. 仁眇天下，义立而王

孟子的"仁者无敌"学说过于迂阔，不能解决当时各国最迫切的富国强兵问题，从而导致儒家治国思想在当时难以全面推行。于是荀子吸收了法家、道家、名家等学派的养分，对儒家思想进行了较大的改良，因此再也不同于空谈“仁者无敌”的孟子。荀子在其著作中论述了一个更加完善的平定天下的方案。他将当时世界上流行的各种治国方略分为王道、霸道、强道三种境界。其中层次最高的是以仁义为本的王道。

《荀子·王霸》有云：“故用国者，义立而王，信立而霸，权谋立而亡。三者，明主之所谨择也，仁人之所务白也。”意思是：凡是治理国家的人，确立仁义的可以做天下王，确立政治信用的可以称霸诸侯，用权谋来维护统治的就会走向灭亡。这三种不同的治国方针，是明君雄主应当慎重抉择的，是仁人君子必须弄明白的。

为什么说“义立而王”呢？说到底还是因为仁义之师“得道多助”。

在荀子看来，治理国家的人应当用礼义来教化民众，而不能做损害礼义的事情。假如只需要干一件不义之举或处死一名无罪之人就可以得到天下，有仁德之心的君子也不肯去做。治国者坚持用礼义道德来修身治国，好像天生就如此那样。因此，与仁义之人共事的，必定是那些信奉道义的义士；仁义之人在国内颁布的各种刑法政令，都是合乎仁义的好法律。仁义之君率领文武群臣追求的必定是那些合乎仁义道德的志向。举国上下的人都仰慕和忠于君主，都是出于这些道义。这就能让统治基础更加稳定牢固。统治基础牢固了，国家就安定，而国家安定了才能让天下安定。

荀子还用孔子举例。他说，孔子虽然没有立锥之地，却能诚恳地将仁义贯彻于自己的意志和行动上，用语言表达出来，待到显达之时，他的仁义之道就不会被埋没，他的美名也因此世代流芳。假如当今天下那些威风凛凛的诸侯，也可以将仁义贯彻于自己的意志，并制定出法律制度，落实到具体政事当中，又通过贵贱生杀之权来反复强调仁义，使之一以贯之。若能做到这些，那些诸侯的美名就能像日月雷霆一样传扬于天下。

“义立而王”的命题，是儒家仁政学说的一个重大发展。

想当初，梁惠王向孟子求教如何利国利民，孟子却认为不必谈利益，只谈仁义即可。一味推销仁政学说，而脱离该国的实际需求，导致儒家徒有显学之名，而不得重用之实。因此，荀子吸取了孟子空谈仁义不论兵法的致命缺陷，将“内修文德，外治武备”的道理用儒家仁义、思想重新包装，从而提出了“义立而王”的新说法。如此一来，儒家就从原先排斥兵争政事的立场，转为以仁义统辖军政实务，从而更容易被各国朝野的实干家们所接受。这为后来秦相吕不韦主编《吕氏春秋》时提出的以“义兵”一统天下的理论打下了坚实的思想基础。

其实，无论是孟子还是荀子，在宣传儒家仁政思想时都是以商汤王和周武王作为模板。

商汤灭夏，周武灭商，在历史上不仅仅是两次简单的改朝换代，更是成为后世王朝争相效法的对象。其中一个重要原因就是，商、周崛起之时并不比他们要消灭的对象强大。当初商国首都在亳邑，周国首都在镐京，两个新兴诸侯都只有方圆百里的领土，而夏朝与商朝控制着当时天下的大部分。然而，商汤、周武一举推翻前朝，统一了天下，所有的诸侯都俯首称臣，凡是当时交通能到达之处的邦国无不宾服。

诸子百家对这两次时代巨变都按自己的理解做出了诠释。在孔、孟、荀三位儒家大宗师眼中，商汤、周武都是以仁义之师讨伐不义的成功楷模。

当孟子读到《尚书·武成》时，因为“流血漂橹”（形容战场上血流成河）的记载而怀疑《武成》篇的真实性。因为孟子认为，以仁义之师讨伐不义的独夫民贼，肯定应该是轻松摆平，不可能杀那么多人。荀子就务实得多，只是将商汤王、周武王的胜利解释为他们恪守了仁义之道，并由此得出“义立而王”的论断。

在赵国时，荀子曾与赵孝成王、临武君等人讨论兵法。他说了一句备受后世军事历史学家关注的话——“故齐之技击不可以遇魏氏之武卒，魏氏之武卒不可以遇秦之锐士，秦之锐士不可以当桓文之节制，桓文之节制不可以敌汤、武之仁义，有遇之者，若以焦熬投石焉。”意思是：齐国的技击之兵打不过魏国的武卒，魏武卒打不过秦国的锐士。也就是说，秦军是战国时代最强大的军队。但是秦锐士斗不过齐桓公、晋文公的节制之兵，而齐桓晋文的节制之兵如果与商汤王、周武王的仁义之师相遇，就好比用被火烤得很脆弱的东西去击打坚硬的石头。总之，汤武圣王的仁义之师是荀子眼中的史上最强军队。

在荀子看来，当时各国诸侯最多能得到霸道的境界，哪怕是表现最出色的秦国也是如此。

荀子对“霸道”不像孔孟那么排斥。他生活在战国后期，距离四海归一仅有几十年时间。此时诸子百家都意识到了天下重归一统是时代发展的趋势，于是纷纷对自家学说进行修订。荀子一反前代儒者的观念，承认“霸道”的有效性，也在情理之中。

不过，荀子对“霸道”的定义与法家、兵家、纵横家的理解不同。他指出：“彼霸者则不然：辟田野，实仓廪，便备用，案谨募选阅材伎之士，然后渐庆赏以先之，严刑罚以纠之。存亡继绝，卫弱禁暴，而无兼并之心，则诸侯亲之矣。修友敌之道，以敬接诸侯，则诸侯说之矣。所以亲之者，以不并也；并之见，则诸侯疏矣。所以说之者，以友敌也；臣之见，则诸侯离矣。故明其不并之行，信其友敌之道，天下无王霸主，则常胜矣。是知霸道者也。”意思是：躬行霸道的国家，开辟田野，充实仓库，改进装备用具，慎重而严格地招募与选练各种有才能的人，然后以厚赏驱使他们效力，以重罚纠正他们的过失。霸主之国让灭亡的小邦与断绝后嗣的诸侯都能继续存活下去，保卫弱国，诛伐残暴的国家，但没有兼并诸侯的野心。于是列国都亲近霸主之国。

霸道要求君主与那些势力相当的国家保持友好关系，在外交上尊敬各国，四方诸侯因此更加喜欢霸主。假如霸主有兼并之心，必然会被诸侯们猜忌和疏远。因此，只要能经常表示自己没有兼并诸侯的意图，信守与列国友好相处的外交方针，就能经常在纷争中取得胜利。虽然懂得称霸之道的国家依然不能成就王业，但功绩也足够显赫。

从荀子的描述中可见，霸道不足以一统天下。所以，荀子曾经游说列国君主推行“尊礼隆法”的“王者之制”，但没能成功。就连其弟子韩非、李斯也没有按照“王者之制”去做，舍弃了“尊礼”的部分，只保留了“隆法”的部分。故而后世学者将韩非、李斯视为法家之人。

那么，荀子心中的仁政王道又是什么样的呢？

《荀子·王制》：“彼王者不然：仁眇天下，义眇天下，威眇天下。仁眇天下，故天下莫不亲也；义眇天下，故天下莫不贵也；威眇天下，故天下莫敢敌也。以不敌之威，辅服人之道，故不战而胜，不攻而得，甲兵不劳而天下服，是知王道者也。”意思是：王者不同于霸主，王者的仁德超过天下群雄，道义超过天下群雄，兵威超过天下群雄。因为仁德超过列国，天下间没有哪个国家不亲近王者；因为道义超过列国，天下间没有哪个国家不尊重王者；因为兵威超过列国，天下间没有哪个国家敢与王者为敌。推行王者之道的国家，用无可匹敌的兵威去辅助令众人宾服的仁义之道，因此能做到不战而屈人之兵，不攻而得人之城，不费一兵一卒就能一统天下。

总之，经过荀子的改良后，儒家的治国平天下主张逐渐摆脱了孔孟之时的迂阔气息，将其他学派的思想资源（特别是法家、兵家思想）整合到了儒学思想体系当中。这使得儒家的仁政学说具备了“内修文德，外治武备”的完整性与可行性，让形同空中楼阁的“仁者无敌”观念找到了落脚点。虽然比起兵家等学派，荀子的儒学仍旧远离实际操作，有务虚多于务实之嫌，但荀子革新后的仁政王道初具“外儒内法”的雏形，对后世大一统王朝有着深远的影响。

6. 仁人之兵，王者之志

楚国临武君以兵家理念与荀子论兵，结果被说得心服口服。儒家大师能让兵家人士在自己最擅长的领域认输，听起来似乎是一桩海外奇谈。其实此事并非不能理解。临武君论兵只是从沙场战阵的层次讨论军事，而荀子是站在治国治军的高度立论。前者是战术层次，后者是战略层次，自然不在一个高度上。在这场军事学术研讨会中，荀子高举儒家仁政的大旗，提出了关于如何建设“仁义之兵”的一系列课题。这是儒家仁政学说与军事思想的一次重大突破。

前面提到，荀子点评当时及历代能征善战之师，将商汤、周武两位圣王指挥的仁义之兵视为真正意义上的王者之兵。而临武君认为兵圣孙武与兵家亚圣吴起指挥的军队才堪称无敌于天下的王者之兵。对此，荀子展开了全面反驳。

据《荀子·议兵》载：“孙卿子（即荀子）曰：不然。臣之所道，仁者之兵，王者之志也。君之所贵，权谋执利也，所行，攻夺变诈也；诸侯之事也。仁人之兵，不可诈也，彼可诈者，怠慢者也，路亶者也，君臣上下之间涣然有离德者也。故以桀诈桀，犹巧拙有幸焉；以桀诈尧，譬之若以卵投石，以指挠沸，若赴水火，入焉焦没耳。”意思是：荀卿子认为临武君说得不对。荀子说的是仁者的军队，一统天下的王者的意志。而临武君推崇的是权谋与有利形势，做出的是攻城略地机变诡诈的行为，这是当今诸侯所做的事。仁人的军队是不可以用诈术打败的。那些可以被诈术打败的，只有防务懈怠的军队、疲惫不堪的军队、君臣上下离心离德的军队。所以说，用夏桀那样的不仁不义之人去欺诈同样贪鄙残暴的人，还可能因诈术巧拙和差异而侥幸获胜。倘若用对付夏桀的办法去欺诈圣王唐尧，就好像用鸡蛋碰石头，用手指搅动煮沸的汤水；也好比是投身水火，一进去就会被淹没或者烧焦。

说来说去，荀子都认为有王者之志的仁人之兵与满脑子攻城略地的诸侯之兵是不可相提并论的。荀子与临武君论兵的出发点完全不同：临武君看重的是权谋利害，用兵圣孙武的话说就是“兵者，诡道也”，计谋越狡诈难防越好；而荀子提倡的仁人之兵，遵循的是以仁义为本的“王者之志”，最忌讳的就是诡计诈术。两者无疑是背道而驰的。

民间有句老话叫“兵不厌诈”。春秋时宋襄公一心想称霸，却又自诩仁义之师，结果宋军被迂腐的道义束缚，差点被楚军全部歼灭。不过，荀子说仁人之兵不会被诈术打败，也不能完全视为迂腐之见。他的立论与宋襄公的情况有差异。

宋襄公遵守的是西周军礼。西周军礼以“仁义”为宗旨，使用的是有限的暴力手段，周王朝试图让各诸侯国以点到为止的小规模冲突平息纠纷。到了礼崩乐坏的春秋时期，各诸侯国渐渐放弃了这种违背战争规律的做法，改而信奉兵不厌诈的战争哲学。宋襄公有争霸之心，做的是荀子所说的“诸侯之事”，偏偏又沽名钓誉，想讨一个仁义之师的美名。结果，宋襄公不听众将的建议，白白错失了两次打败楚军的最佳时机。宋军溃败，宋襄公也负伤。他逃回国之后遭到了朝野的强烈抨击，最后郁郁而终。

但荀子所说的仁人之兵，并非那种坐视战机流失的迂腐教条的部队，而是齐心协力不给敌军留破绽的强大军队。

《孙子兵法·军形篇》：“故善战者，立于不败之地，而不失敌之败也。是故胜兵先胜而后求战，败兵先战而后求胜。善用兵者，修道而保法，故能为胜败之政。”意思是：凡是善于打仗的人都是先让自己立于不败之地，然后抓住敌人的漏洞。所以，赢得战争的军队总是先创造克敌制胜的条件，再与敌军寻求决战；输掉战争的军队恰恰相反，先急吼吼地与敌军厮杀，再试图侥幸获得胜利。善于用兵的人总是修明政道且严格执行军法，所以能掌握胜败的主动权。

荀子认为仁人之兵不可欺诈，主要就是指仁人之兵在政治上已经立于不败之地，不受敌军的阴谋诈术挑拨。这个认识并非毫无根据。

通常两军交战，都是示形造势无所不用其极。比如，运用伪装、假情报等方式，让对方的指挥官误判形势，从而做出错误的决策。错误的决策必然会给军队带来致命的打击。而敌我双方部队就通过这种复杂多变的活力对抗来创造和把握战机。孙子说的“是故胜兵先胜而后求战”，首先指的是自己不要给敌军留下可乘之机。比如，被一则来路不明的流言毁掉了官兵之间的相互信任，从而在战场上无法默契配合，最终被敌军各个击破。

在荀子看来，这就需要用仁义道德来提升国家与军队的凝聚力。

假如在举国上下都能树立仁德，那么各阶层的人都能齐心协力，各个领兵之将也将团结一致，而三军战士也就同心同德。这样群臣对君主，部下对上司，就如同子弟侍奉父兄，如同手臂保护头眼胸腹一样竭诚竭力。所以，用诡诈之术来袭击仁人之兵，或者先惊动仁人之兵再趁势袭击，结果都将会遭到失败。因为他们是不可挑拨的，也是无法撼动的。孙子说：“无邀正正之旗，无击堂堂之阵。”他是在提醒世间将帅，不要攻击阵容严整的敌军，那会大大提高自己的失败率。而荀子追求的仁义之兵，恰恰就是以始终保持“堂堂正正”的团结及严整姿态迎敌的，故而不可能被一般的诡诈之术击败。

进一步说，拥有王者之志的仁德之人，早在战争爆发之前，就已经开始认真了解周边情况，并早做准备了。

荀子指出，仁德之人在统治方圆十里的疆域时，就会去调查周边方圆百里的情况；在统治方圆百里的疆域时，就会去调查方圆千里的情况；在统治方圆千里的疆域时，就会去调查全天下的情况。由于充分了解周边情报，仁人之兵必然耳聪目明，能始终保持高度的警惕性，做到上下团结一致。

仁人之兵集合起来就是组织性极强的精锐之师，分散开时也能化为几组队形整齐的行列。仁人之兵展开队形时，如同莫邪宝剑那锐利的剑刃，敌军一碰到都会被截断。仁人之兵向前冲锋时，如同莫邪宝剑的锋芒，任何阻挡他的力量就会被摧毁。仁人之兵摆成圆阵或方阵时，如同磐石一般岿然不动，任何进犯他的军队都会碰得头破血流，唯有落败一途。这样一来，仁人之兵就可以无敌于天下了。

除此之外，荀子认为仁人之兵的另一大优势是能够感召对方军民弃暗投明。

儒家的战争观非常重视政治道义，其至高境界是“吊民伐罪”。借用西周军事教典《司马法·仁本第一》的理论来说就是：“攻其国，爱其民，攻之可也；以战止战，虽战可也。”这种理念来自对周革殷命的总结，也对儒家仁政及战争观影响深远。

齐宣王问孟子，商汤灭夏和武王伐纣都是臣子弑君，这样做是否违法了道义。孟子却说：“贼仁者谓之贼，贼义者谓之残，残贼之人，谓之一夫。闻诛一夫纣矣，未闻弑君也。”在孟子看来，周武王伐纣并不是弑君，因为商纣王违背仁义，沦为独夫民贼，所以武王伐纣是诛杀独夫民贼，而非弑君。

他还说：“桀纣之失天下也，失其民也；失其民者，失其心也。得天下有道:得其民，斯得天下矣。得其民有道:得其心，斯得民矣。得其心有道:所欲与之聚之，所恶勿施尔也。民之归仁也，犹水之就下、兽之走圹也。”

由此可见，强暴之国的君主早已丧失民心，表面上势力壮大，其实仁人之兵可以凭借仁政来吸引其民众归附。用荀子的话说，敌国百姓像爱戴父母一样拥护仁义之兵，像看待仇敌一样憎恨他们的昏暴之君。所以，他们不肯为其效力，不愿与我军交战。因此，以我方的仁义之兵来攻打失去人心的敌军，自然就能大获全胜。

因此，国家由仁德之人主政就会日益昌隆，仁义之兵的战斗力也达到“仁眇天下，义眇天下，威眇天下”的境界。如此一来，先归顺王者的诸侯就能获得安宁，后归顺的诸侯就会出现危险，想与王者作对的诸侯就会变得衰弱，胆敢背叛王者的诸侯就会灭亡。

这就是儒家最推崇的仁人之兵，是称王天下的有力后盾。荀子一番高论让临武君与赵孝成王都十分佩服。后来《吕氏春秋》里的“义兵”说，也与“仁人之兵”有诸多联系。尽管在战争实践中几乎不存在严格意义上的仁人之兵，但这并不妨碍历代名将良相将其作为最高境界的战争指导原则。

第四章

民

“民为贵，社稷次之，君为轻”的民本主义

孟子的“民为贵，社稷次之，君为轻”的民本思想，对中国人的影响可谓深远长久。以历史眼光来看，民是社会物质财富的直接创造者，同时也是精神财富的创造者和传播者。随着社会分工的深化和财富分配的不公，在民中就形成了等级差别和分工差别。体现出来就是社会中有了贫富悬殊，有了身份区别。儒家的思想并未走出时代的局限性，因而，他们心目中的民，是带有明显的等级差别的，是相对于君、臣等社会阶层而言的。

但是，儒家先贤们从不把民看成固定不变的一个群体，而是把他们当作社会安定、政权稳固的主要力量。在人格上，他们把民视作可以从身份和道德两个方面进行转化的带有积极因素的社会成员。他们提出的仁政主张，就是从亲民、爱民出发，对民予以道义和人格上的关怀和敬重。

如果抛弃其中的时代元素，则儒家提出的“民惟邦本，本固邦宁”的主张和安民富民之类的措施，时至今日仍具有政治上的指导和借鉴意义。

1. 民惟邦本，本固邦宁

在中国古代，民是相对于君主、官员，还有军人阶层而言的一个群体。一般存在四种形式的民：士民、商民、农民和工民。民，以其庞大的基数构成一个社会的基础，也是构成国家的主要人口要素。对于古代君主制国家来说，民是这个国家赖以维系和生存的支撑力量，是社会物质财富的直接创造者，同时也是精神财富的创造者和传播者。随着社会分工的深化和财富分配的不公，在民中就形成了等级差别和分工差别。体现出来就是社会中有了贫富悬殊，有了身份区别，进而就有了加在民的身体和心灵上的诸如幸福、快乐或者痛苦、屈辱之类的各种积极或消极的体味。当一个社会中体味消极成分的民的数量不断增长时，往往就是这个社会开始动荡之时，同时也表明处于这个社会之中的国家将会前景不妙。对此，儒家的先贤们都有着切身体会。

孔子本人的体会应该比后人更深。他苦于那个礼崩乐坏的时代，并且于长期的颠沛流离中过着凄苦和郁郁不得志的生活。不过，他的伟大之处在于，他能于切身体会人民疾苦的过程中，提出以礼定行为，以德化天下，通过实行仁政来实现天下大治的政治主张。并且，在他的引领下，儒家的各个流派都把人民的权利放到首位，提出国家政治目的在于安民。

在《礼记·缁衣》中，孔子就谈到了君与民如何相处的问题："君民者，子以爱之，则民亲之；信以结之，则民不倍；恭以莅之，则民有孙心。"意思是：作为领导百姓的国君，应当像爱护子女一样爱护百姓，这样百姓就会亲近他；用诚信去团结百姓，百姓就不会背叛；用恭敬的态度去对待百姓，百姓就会产生顺从之心。在这一章中，孔子还谈到了君与民的关系：“民以君为心，君以民为体；心庄则体舒，心肃则容敬。心好之，身必安之；君好之，民必欲之。心以体全，亦以体伤；君以民存，亦以民亡。”意思是：人民把君主当作心脏，君主把人民当作身体；心康则身体就会舒服；内心严肃就会对人恭敬；心脏喜好的东西，身体必然会满足它；君主喜好的东西，老百姓必定会满足他；心脏会因为身体的保全而保全，也会因为身体的受伤而受伤；君主由于人民的拥护而存在，也由于人民的反对而灭亡。孔子把君主置于依存于人民的地位，无疑是十分正确的。不过，这种思想并不是他的首创，追溯起来，较早表明这种关系的当属夏朝时太康的弟弟。在《尚书·夏书》中，他作的《五子之歌》中就有更直接的表述：“皇祖有训，民可近不可下。民惟邦本，本固邦宁。”意思是：祖先曾有明训，人民可以亲近而不可看轻。只有人民才是国家的根本，根本牢固，国家就安宁。这个表述，应该说是儒家先贤们“以民为本”政治思想的理论来源。

在古人心目中，尧和舜是被公认的圣人。孔子在《中庸》第六章中，就对舜的政治表现大为赞赏：“舜其大知也与！舜好问而好察迩言。隐恶而扬善。执其两端，用其中于民。其斯以为舜乎！”意思是：舜可真是具有大智慧的人啊！他喜欢向人问问题，又善于分析别人话语里的含义。舍弃坏处，宣扬好处。过与不及两端的意见他都掌握，采纳适中的用于老百姓。这就是舜之所以为舜的地方吧！孔子针对舜的这番赞语，也表明了孔子对民的政治态度：不采取过激的政策，也不采用畏缩的政策，而应该采用像舜那样不偏不倚的适中政策。至于具体的行政手段方面，那就像舜做的那样，“好问”“好察”和“隐恶扬善”。

孔子这种政治态度，应该说具有思想理论上的指导意义。当然，孔子的政治理想还是侧重于道德上，寄希望于统治者自身的道德修炼来实现安民、安天下的目的。在《中庸》第三十一章中，他就写出了通过道德修炼来实现天下大治的愿景：“溥博如天；渊泉如渊。见而民莫不敬；言而民莫不信；行而民莫不说。”意思是：崇高的圣人，美德广博如天，德性深厚如渊。美德表现在仪容上，百姓没有谁不敬佩；表现在言谈中，百姓没有谁不信服；表现在行动上，百姓没有谁不喜悦。在这番话中，可以明显地看出，孔子以民为本的思想是建立在符合当时统治模式且有利于统治者统治的等级基础之上的，即民始终是被统治的对象。孔子的这种愿景，也可以说是他对自己以德行仁政的政治理想的美好展望和信念。

在《论语·为政篇》中，孔子也是站在等级的立场上，即把民置于被统治的地位来谈对民的治理的。鲁哀公问孔子："何为则民服？"意思是：怎样才能使百姓服从呢？孔子回答说："举直错诸枉，则民服；举枉错诸直，则民不服。"意思是:把正直无私的人提拔起来，把邪恶不正的人置于一旁，老百姓就会服从；把邪恶不正的人提拔起来，把正直无私的人置于一旁，老百姓就不会服从统治。在这一篇中，孔子还有更直接的表述："道之以政，齐之以刑，民免而无耻。道之以德，齐之以礼，有耻且格。"意思是：用法制禁令去引导百姓，使用刑法来约束他们，老百姓只是求得免于犯罪受惩而去遵守禁令，却失去了廉耻之心；用道德教化引导百姓，使用礼制去统一百姓的言行，百姓不仅会有羞耻之心，而且会守规矩。在这番话中，孔子的等级观念非常鲜明，并且置民于被统治、被教育的受众地位。从这点上来说，他的民本思想的出发点和归宿都不是站在民的立场上，而是站在有利于统治者的立场上，尽管他在主观愿望上怀有真真切切的爱民之心。

在儒家先贤中，孟子可以说是最具民本思想的人。除了他提出的屡屡为后世统治者所诟病的"民为贵，社稷次之，君为轻"的观点外，他还在具体施政措施上有更为具体、实用且能为民带来实际利益的政治主张，即让民有恒产。

在《孟子·梁惠王章句上》第八节中，他提出让民有恒产的主张："明君制民之产，必使仰足以事父母，俯足以畜妻子，乐岁终身饱，凶年免于死亡。然后驱而之善，故民之从之也轻。"意思是：贤明的君主都会让老百姓拥有固定的资产，这样就会让他们对上可以赡养老人，对下可以满足妻子和子女的生活需要；丰年可以过上饱食的日子，灾年可以不被饿死；这样再来引导他们具有善良之心，也就是很轻松的事了。在具体的让民有恒产的措施中，孟子首先主张通过实行井田制，让老百姓拥有固定田产。这样就可以让他们安顿下来，不至于因土地流失而过上流离失所的生活。

儒家坚持"民惟邦本，本固邦宁"的政治思想，明显是站在拥护君主等级制度之上的。明确这一点，就能够明晰和轻松理解儒家爱民和以民为本的各种政治主张。比如《论语·学而篇》中孔子说："道千乘之国，敬事而信，节用而爱人，使民以时。"意思是：治理一个拥有一千辆兵车的国家，就要严谨认真地办理国家大事而又恪守信用，诚实无欺，节约财政开支而又爱护官吏臣僚，役使百姓要不误农时。这句话明显将老百姓置于被役使的地位。又如这一章中曾子说的："慎终追远，民德归厚矣。"意思是：谨慎地对待父母的去世，追念久远的祖先，自然会导致老百姓日趋忠厚老实。这句话也把老百姓置于必然的被引导和被教育的地位，而不像现代人所主张的民是社会一切财富的创造者、历史的书写者以及官员的教育者。明确这些，也就能理解《大学》第一章中"在亲民，在止于至善"这句话的意思：大学之道，在于亲近被统治的百姓，在于让自己的品德达到至善的地步。

不过，"民惟邦本，本固邦宁"的政治思想，在今天乃至以后，也都会是国家管理者必须遵循的一个理论和实践原则。

2. 水可载舟，亦可覆舟

"水可载舟，亦可覆舟。"唐太宗时期大臣魏徵在《谏太宗十思疏》中写有这样的名句："怨不在大，可畏惟人；载舟覆舟，所宜深慎。"意思是：

怨不在大小，可怕的是人民的力量。因为水能载舟，亦能覆舟，所以一定要慎重。其实，魏徵“载舟覆舟”这个用词是从儒家先贤荀子的话语中引用过来的。

在《荀子·哀公》篇中，荀子用十分形象的比喻说出了君民之间的关系：“君者，舟也；庶人者，水也。水则载舟，水则覆舟。”西汉时期的贾谊在《新书·大政》中有了比这句话更为直接的描述：“民者，诸侯之本也”……“国以民为安危，君以民为威侮。”民的安危，就是国家的安危，君主的荣辱都是建立在民的荣辱之上的。他们之间休戚相关、荣辱与共。

那么，该如何处理君民之间的关系呢？这实质上也就是如何进行国家治理的根本问题。在儒家看来，君和民虽然存在着等级和身份之别，但他们之间的关系本不应该是对立的，而是相互依存的。民是一个国家的根基，所以要想顺利实现对民的统治，就要奉行以民为本的思想；统治民的主导权掌握在君主的手里，君主如果以同情体恤的心态来对待民，以关爱的方式来引导民，那么，民不但不会无端生事，反而会出现“投人以桃，报人以李”的可喜局面，民也就会真心拥护君主，而这样国家也就安定了，统治也就稳固了。当然，对于君主来说，也就实现了垂拱而治。儒家的这种认识体现在他们的政治主张中，那就是要求统治者实行仁政。

在《中庸》第二十章中，孔子指出官员处理政事的一些做人原则：“为政在人，取人以身，修身以道，修道以仁。仁者，人也，亲亲为大。义者，宜也，尊贤为大。亲亲之杀，尊贤之等，礼所生也。”意思是：处理政事完全取决于用什么人；要得到适用的人在于修养自己，修养自己在于遵循大道，遵循大道要从仁义做起。仁就是爱人，亲爱亲族是最大的仁；义就是事事做得适宜，而尊重贤人是最大的义。至于亲爱亲族要分亲疏，尊重贤人要有等级，这都是对礼的要求。孔子的这番话，既道出了官员修身塑德的重要性，也道出了仁义这种处事方式的重要性，还兼顾了行为礼仪的必要性。这番话也是对官员自我修身提出的要求和针对具体行为的指导建议。在孔子看来，行政的关键在用人，要用人首先在自身具有美德。因为上级对下级的示范作用相当重要。上正，则下自然正，这样上行下效，自然就会是政通人和。而以这种身正的方式去行政，就是仁。

所以，儒家把施行仁政的前提归为执政者自身具有美德。在《论语·泰伯篇》中，孔子就对道德的力量大加赞赏。“泰伯，其可谓至德也已矣。三以天下让，民无得而称焉。”意思是：泰伯可以说是品德最高尚的人了，几次把王位让给季历，老百姓都找不到合适的词句来称赞他。这也可以说是儒家推崇德治天下的现实依据。在自身具有美德后，在具体的行政过程中，他们在待人接物方面必须还要做到以礼待人。还是在这篇中，紧接上句话之后，孔子就谈出了礼的重要性。他说：“恭而无礼则劳；慎而无礼则葸；勇而无礼则乱；直而无礼则绞。君子笃于亲，则民兴于仁；故旧不遗，则民不偷。”意思是：只是恭敬而不以礼来指导，就会徒劳无功；只是谨慎而不以礼来指导，就会畏缩拘谨；只是勇猛而不以礼来指导，就会说话尖刻；在上位的人如果厚待自己的亲属，老百姓当中就会兴起仁的风气；君子如果不遗弃故旧，老百姓就不会对人冷漠无情。

不过，就算统治者和执政者具有了美德、懂得了礼仪，但如果不施行惠民的政策，那仁政也只能是纸上谈兵。在《孟子·离娄章句上》第一节中，孟子就表达了这样的观点：“尧舜之道，不以仁政，不能平治天下。今有仁心仁闻而民不被其泽，不可法于后世者，不行先王之道也。故曰，徒善不足以为政，徒法不能以自行。”意思是：即使有尧舜所遵循的道路，如果不施行爱民的政策，也不能把天下治理好；现在有些国君虽有仁爱之心、仁爱之誉，但百姓却未能得到恩惠，未能被后世效法，就是因为不实行先王施惠于民的缘故。所以说，仅有善心不足以用来治理国政，仅有法度也不能使之自行实施。

那么，该施行哪些惠民的措施呢？在《孟子·滕文公上》第三节中，孟子就提出了一系列仁政措施。首先，是让民有恒产。他指出：“夫仁政，必自经界始。”这也是他提出的让民有恒产的一个措施，即通过实行井田制，让老百姓拥有固定的土地资源。实行井田制，就明晰了田土的经纬界限，从而明晰了土地产权，这样一来，也就杜绝了当时残暴的国君和贪官污吏针对土地的巧取豪夺。另外，实行井田制还调整和规范了税收政策，从而明晰了老百姓的实际缴纳税额，避免了贪官污吏的横征暴敛，切实减轻了——百姓的负担。其次，“设为庠序学校以教之”，即开办庠、序、学、校以教育人民。其中，庠，意思是培养；校，意思是教导；序，意思是有秩序地陈述；学，是教育人民懂得人与人之间的伦理关系。而通过实行这样的仁政，老百姓就会在得到实惠的同时，给予君主真心的拥戴。

所以，水可载舟，亦可覆舟，是儒家从维护君主统治地位的立场出发，规谏统治者重视处理好与民关系的一种形象比喻，也是儒家主张仁政的一种理论依据。

3. 礼不下庶人

儒家先贤们提出了“民为贵”和“以民为本”的思想，并且主张以礼的形式来规范社会行为。但是，在《礼记·曲礼上》中，孔子却提出了一个看似匪夷所思的说法：“礼不下庶人。”那么，我们应怎样来看待孔子的这个说法呢？

在《礼记·曲礼上》中，孔子说道：“国君抚式，大夫下之。大夫抚式，士下之。”意思是：遇到国君凭轼行礼时，大夫就要下车示敬。遇到大夫凭轼行礼时，士就要下车示敬。这番话实际上所表达的就是上对下行礼时，下对上的应对方式。也可说是《论语·八佾篇》中“君使臣以礼”这个要求的实际运用。紧接这个描述，孔子引出了“礼不下庶人”的说法。如果套用上述句式，紧接着出现的情形应是“士抚式，庶人下之”。翻译成白话文就是：遇到士凭轼行礼时，庶人要下车回敬。但孔子并没有套用这个句式，而是用“礼不下庶人”来要求。从这点上来看，所谓的礼不下庶人，即是上对下的礼，不施行到庶人的身上。说具体一点就是，如果国君、大夫或士这类有社会身份和地位的人与老百姓遇见了，他们无须做到以礼相待，径可无视而去。

在《礼记》中，孔子对礼的描述和规定非常详细，把它视作规范人们的行为、恢复和巩固社会秩序的有效手段和工具。人们外出行走，要穿着什么服装；见了什么样的人，要用什么样的会见方式，该用什么样的表情，说什么样的话等，包括人的生老病死和衣食住行各个方面在内都有明确的规定。比方说，《礼记·曲礼上》中就规定：“当儿子的，家居不可占据室内的西南隅，不可坐在席的中间位置，不可走在路的当中，不可立在门的当中。遇有宴请宾客的事，如何招待，自有家长裁决，不可自作主张；举行祭祀的时候，不可充当尸的角色。要时刻留心父母的意旨，先意承欢，不要等到父母发话或指使时才办。不要登高，不要临深，不随便诋毁他人，不随便嬉笑。”这是作为子女尽孝道时所必须尽到的礼。又如说在会客时，得具有这样的礼：“凡和客人一道进门，每到一个门口都要让客人先入。客人来至主人内室门口，主人要请客人稍等，而自己先进去铺好席位，然后再出来迎接客人，主人请客先入，客人要推辞两次，主人这才引导客人入室。主人进门后向右走，客人入门后向左走。主人走向东阶，客人走向西阶。如果客人身份较主人卑下，就应随主人走向东阶，要等主人一再谦让，然后客人才又拐回西阶……”

孔子所做的这些规定，粗看起来是人际交往中的一种表现形式，目的是希望通过它们来避免人际交往中因只顾满足自身私心的需要而造成对他人的伤害，从而减少摩擦，让人与人之间能够和平共处。从社交的角度来看，如果大家都能平心静气地接受孔子的这一套礼仪，那么，可以毫不夸张地说，社交活动中出现的摩擦和不愉快的概率可以为零。但是，从儒家的立场上来看，他们提出的礼的观点，显然不是直接用来调剂人际关系的，而是用来为政治目的服务的。也就是说，儒家的礼，首先是用来规范和统一统治阶层内部的行为，从而实现自上而下的等级有别、身份有别的社会秩序。孔子的态度很明确："所谓礼，是用来确定人与人之间关系的远近，判断事情的疑似难明，分别事情的何时当同、何时当异，明辨事情的得失规范。依礼而言，不可随便地取悦于人，不可说做不到的话。依礼，做事不得超过自己的身份，不得侵犯侮慢他人，也不得随便地与人套近乎。"用一句有针对性的话来说就是，儒家的礼是官员区别身份等级的一套行为规范。

儒家的礼，是维护君主统治的法。这也就是人们将礼与法合在一起称为礼法的原因。因而，它涉及的范围涵盖社会当中包括政治、经济、军事、司法、教育、家庭、伦理道德和风俗习惯等方方面面。儒家所要推行的政治措施是仁政，所用到的手段内为道德、外为礼仪。在他们看来，一个社会完全没必要像法家所提出的那样，必须通过严刑峻法才能得到治理，而是可以通过人自身的修身，然后以礼仪这种形式就能得到治理。孔子说："道德仁义，非礼不成；教训正俗，非礼不备；分争辨讼，非礼不决。君臣上下父子兄弟，非礼不定。宦学事师，非礼不亲。班朝治军，莅官行法，非礼威严不行。祷祠祭祀，供给鬼神，非礼不诚不庄。"意思是：道德仁义这个抽象的概念，没有礼就落不到实处，教育训导，整饬民俗，没有礼就会顾此失彼。区别争讼的是非曲直，没有礼就无法判断。君臣、上下、父子、兄弟的名分，没有礼就无法确定。学习做官的本领和学习六艺，如果弟子侍奉老师无礼，师生之情就不会亲密；百官在朝廷上的班位，将帅的治军，官员的到任履行职务，没有礼就无法体现威严。求福之祷，谢神之祠，以及常规的种种祭祀，供给鬼神的祭品都有规定，不按照礼数来做就显得内心不诚、外貌不庄。从孔子的这些话中，可以十分明确的是，儒家的礼，是一种体现和规范社会等级秩序、宣示和巩固等级权威并有利于维护君主统治的一种政治法则。其中，既有合乎当时社会需求的维护天下安定的合理因素，也有奴化人的身心和对社会角色带有歧视性偏见的副作用。

在《孝经·广要道》中，孔子对礼在维护君主统治上所起的作用说得十分透彻："安上治民，莫善于礼。礼者，敬而已矣。故敬其父，则子悦；敬其兄，则弟悦；敬其君，则臣悦；敬一人，而千万人悦。"意思是：使君主安心，人民驯服，没有比用礼教办事更好的了。所谓的礼，也就是敬爱而已。所以，尊敬他人的父亲，其儿子就喜悦；尊敬他人的兄长，其弟弟就愉快；尊敬他人的君主，其臣下就高兴；敬爱一个人，却能使千万人高兴愉快。礼的作用是什么？就是"安上治民"！通过礼，就可以让人民成为驯民，这样自然就可以让君主高枕无忧。在话语权掌控在他人之手的情况下，也只能是孔子姑妄说之，我们姑妄听之。因为从人性的角度来说，"敬"所出现的情形应与孔子所说的相反："故敬其父，则父悦；敬其兄，则兄悦；敬其君，则君悦；敬一人，而该人悦。"一个受到他人尊敬的人，内心怎么会不充溢着喜悦之情呢？

在分析了儒家礼的内涵后，再回过头看"礼不下庶人"，就能明白，它是孔子基于自上而下关系而提出的一种行为规范。它与儒家的亲民、爱民的政治主张并行不悖。鉴于天下多的是普通大众，身居上位者毕竟只是少数，而如果居上位者见了每一个普通人都要施行礼仪，那么耽搁公事不说，起码在现实中也起不了什么实际效果，弄不好还会被成群的"庶人"围观起来当作猴耍。所以，礼不下庶人，是孔子提出的一种等级有别的处事方式，颇有为官员减轻"礼"的负担的意味。只是这样一来，反倒让后世的一些官员寻找到了高高在上的理论依据，以致他们在与民相处时处处唯我独尊、飞扬跋扈，与儒家的亲民、爱民的主张相去甚远。这可是儒家先贤们始料未及的。

4. 民可使，由之；不可使，知之

在《论语·泰伯篇》中，出现了一直引起后人误解的一句话："民可使，由之；不可使，知之。"之所以会出现误解，是因为人们在断句上出现了错判，把这句话判成了"民可使由之，不可使知之"。这样一来，孔子就成了宣扬愚民思想的罪人。为此，首先还是对这句话的正确断句做些分析。

在这句话中，最关键的一个字就是"使"字，它的正确意思应是使唤。比如在《中庸》第二十章中孔子说过这样一句话："官盛任使，所以劝大臣也。"意思是:让众多的官员供大臣使用，这是为了敬重大臣。这里的"使"就是使唤的意思。在《论语·学而篇》中孔子说:"节用而爱人，使民以时。"意思是：节约财政开支而又爱护官吏臣僚，役使百姓要不误农时。这里面的"使"也是使唤的意思。在《论语·颜渊篇》中孔子说:"出门如见大宾，使民如承大祭。"意思是：出门办事如同去接待贵宾，恭敬友好；使唤百姓如同去进行重大的祭祀，严肃认真。这里面的"使"同样是使唤的意思。所以，"民可使，由之；不可使，知之"这句话的意思是：老百姓能够胜任所安排的事务，就放手让他们去做；如果他们的能力一时达不到，就应该先通过教育来培训。这句话体现了孔子亲民、爱民的仁政主张和让民成为智民的教育思想。

儒家主张国家治理的方式是仁政。在施行仁政的过程中，他们十分注重用人，也十分重视人才，明白人才难得的道理。在《论语·泰伯篇》中，孔子就感叹道："才难，不其然乎？唐虞之际，于斯为盛；有妇人焉，九人而已。”意思是：人才难得，难道不是这样吗？唐尧和虞舜之间及周武王这个时期，人才最盛。但十个大臣当中有一个是妇女，实际上只有九个人而已。因为儒家的思想是为政治服务的，所以，他们眼里的人才，非同现代意义上的那种具有发明创造能力的技能型人才，而是具有参政议政能力的管理型人才。在《论语·子路篇》中，孔子就说：“诵诗三百，授之以政，不达；使于四方，不能专对；虽多，亦奚以为。”意思是：把《诗》三百篇背得很熟，让他处理政务，却不会办事；让他当外交使节，不能独立地办交涉；背得很多，又有什么用呢？这句话是针对学习的方式说的，但孔子的言下之意很明显，读书的目的不是为读书而读书，而是为了将来能够处理政务或者外交事务。

儒家的政治思想是站在维护君主统治和等级制的立场上的。这也就让那些奉儒家思想为圭臬的后世统治者，把民当作只是被治理的对象，并且在一定程度上把民视作道德和能力的欠缺者，是需要接受教育的对象。他们的才能被严重限制在农、工、商的范围，与士（仕）的地位可谓泾渭分明。在这些统治者看来，作为从政者，首先要面对的就是如何处理与民的关系，以及如何让民成为具有理想状态的合乎统治需要的驯服的人。这明显误解了儒家先贤们对民的理解。在儒家先贤的眼里，对于管理国家的人才，他们是主张用人不拘一格的，只要合乎儒家的伦理道德观，哪怕地位再怎么卑贱，同样可以使用。

在《论语·先进篇》中，孔子说道：“先进于礼乐，野人也；后进于礼乐，君子也。如用之，则吾从先进。”意思是：先学习礼乐而后再做官的人，是原来没有爵禄的平民；先当了官然后再学习礼乐的人，是君子。如果要先用人才，那我主张选用先学习礼乐的人。从孔子的这番话中还可看出，他眼里的民并不是一个固定的社会阶层，而是相对于从政的官员而言的。民中有能力的人，同样可以入仕为官；官中没能力者，同样可以削职为民。民与官有时只是一种身份的转换，他们之间并不是对立的。不过，从现实来看，作为社会基础的民，由于失于教育，让他们在品德和智识方面看起来差人一等。这就存在一个如何让民符合国家需要的问题，即如何让民“可使”。如何让民“可使”，在儒家看来，就是通过施行仁政，通过道德教化的作用，让他们懂得礼义廉耻。

在《孟子·梁惠王章句下》第二十一节中写道：“东面而征，西夷怨；南面而征，北狄怨。曰：‘奚为后我？’民望之，若大旱之望云霓也。”意思是：商汤向东方进军时，西边国家的老百姓便抱怨；当他向南方进军时，北边国家的老百姓便抱怨，都说：“为什么把我们放到后面呢？”老百姓盼望他，就像久旱盼乌云和虹霓一样。老百姓为什么会这样呢？这是因为汤的征伐一点也不惊扰百姓。做生意的照常做生意，种地的照常种地。只是诛杀那些暴虐的国君来抚慰那些受害的老百姓。这就像天上下了场及时雨一样，老百姓非常高兴。孟子这番话要表达的意思很明显：通过施行仁政，老百姓得到了实惠，自然就会对君主和国家表示拥护，而老百姓拥护谁，也就自然而然成了谁的“可使”之民了。

民“可使”后，又该怎样“使”民呢？在这一篇中，孔子说道：“知及之，仁能守之，不庄以莅之，则民不敬；知及之，仁能守之，庄以莅之，动之不以礼，未善也。”意思是：具备管理的知识，并且仁德可以保持它，但不用严肃态度来治理百姓，那么百姓就会不敬；如果能用庄重的态度来治理百姓，但动员百姓时不照礼的要求进行，那也是不完善的。孔子的态度是，在具体行政过程中，官员们既要具有仁德，还要以威严的仪容来体现国家施行仁政的坚定态度，同时不忘对民以礼相待。

如果在具体“使民”过程中，民的智识有欠缺怎么办？在《论语·子路篇》中，孔子说道：“以不教民战，是谓弃之。”意思是：让没有经受训练的人上战场，这就叫抛弃他们。孔子的这句话，充分体现了他的爱民思想。人的智识本是参差不齐的，同时在获取上还有个先来后到之分。对于智识一时欠缺之人，绝不能嫌憎或抛弃他们，而应该通过教育培训来提高他们。在这方面，孔子格外倚重道德的力量和人格的影响力。在《论语·颜渊篇》中，孔子说道："子为政，焉用杀？子欲善而民善矣。君子之德风，小人之德草，草上之风必偃。"意思是：治理政事，哪里用得着杀戮的手段呢？您只要想行善，老百姓也会跟着行善；在位者的品德好比风，在下的人的品德好比草，风吹到草上，草就必定跟着倒。

通过亲民、爱民的仁政，民就可成为可使之民；通过教育培训，民就能因为增长了智识同样变成可使之民。这样的国家，也就成了《论语·颜渊篇》中孔子所说的"足食，足兵，民信之矣"（意思是：粮食充足，军备充足，老百姓信任）的国家——这也是儒家所推崇的理想模式的国家。

5. 上失其道，民散久矣

儒家所倡导的"道"，是一种遵从人的本性的行为准则，它的最高目标是天人合一，即人的行为规则合乎天道，二者融为一体。要达到这一目标，就得以善为根基，以诚为本性，进行道德修身。一旦达到这一目标，人也就修身成了圣人。只是在现实中，一般人根本不可能达到这一步。所以，儒家的道德修身着重在人道阶段，把仁作为道德的核心内容，把义作为道行规则，把礼作为行为规范。这其间的"道"，实质上就是仁义之道。儒家把仁义之道视作民心归属的天下正道。

在《论语·子张篇》中记载了这样一个事例：孟氏任命阳肤做典狱官，阳肤就向曾子请教如何处理事务。曾子告诉他："上失其道，民散久矣。如得其情，则哀矜而勿喜！"意思是：在上位的人离开了正道，百姓早就离心离德了；你如果能弄清他们作奸犯科的情况，就应当怜悯他们，而不要自鸣得意。曾子的回答，既秉怀人的怜悯之心，又具有基于现实的正确判断。天下失道，民心离散，那些被判处下狱之人，并不一定就是真正该受到惩处之人。对于这些人，就应该怀有同情之心。这其中所体现的就是儒家行仁义之道的主张，其核心就是儒家亲民、爱民的思想。

儒家把仁义之道归为天命的范畴，认为它们是遵天道、循天命而来的。在《论语·宪问篇》中记载了这样一个事例：公伯寮向季孙（当时鲁国大夫）告发了子路。子服景伯就把这件事告诉给孔子，并且说："季孙氏已经被公伯寮迷惑了，我的力量能够把公伯寮杀了，把他陈尸于市。"孔子听后说道："道之将行也与，命也；道之将废也与，命也。公伯寮其如命何？"意思是：道能够得到推行，是天命决定的；道不能得到推行，也是天命决定的。公伯寮能把天命怎么样呢？道是循天命而来，人是无法改变的。但道是能够为人所掌握并进行运用和传播的。在《论语·卫灵公篇》中，孔子说道："人能弘道，非道弘人。"意思是：人能够使道发扬光大，不是道使人的才能扩大。这也可以说是儒家对仁义之道能够得到推行的信念所在。为此，在这一篇中，孔子还针对君子提出要求："所以君子谋道不谋食。耕也，馁在其中矣；学也，禄在其中矣。君子忧道不忧贫。"意思是：君子只谋求得道行道，不谋求食物；耕田能得到食物，但难保不饿肚子；通过学习道，就可以得到俸禄，食物也就解决了。所以，君子只担心能不能掌握道，能不能行道，而不应担心贫穷。

对于天下来说，怎样才算有道呢？在《论语·季氏篇》中，孔子说道："天下有道，则礼乐征伐自天子出；天下无道，则礼乐征伐自诸侯出。自诸侯出，盖十世希不失矣；自大夫出，五世希不失矣；陪臣执国命，三世希不失矣。天下有道，则政不在大夫；天下有道，则庶人不议。"意思是：天下有道的时候，制作礼乐和出兵打仗都由天子做主决定；天下无道的时候，制作礼乐和出兵打仗，由诸侯做主决定。由诸侯做主决定，大概经过十代很少有不垮台的；由大夫决定，经过五代很少有不垮台的；天下有道，国家政权就不会落在大夫手中。天下有道，老百姓也就不会议论国家政治了。孔子的这番言论，实质上也表明了他的政治愿望：恢复一统天下的礼乐制度，不让诸侯和大夫们各自为政，他们是导致天下动乱和老百姓疾苦之源。天下一统，秩序井然，老百姓安居乐业，这样的天下，就是有道天下。怎样才能实现天下有道呢？那当然是以亲民、爱民的仁政来治理天下。要做到这一点，首先就要求居上位者有道，即行王道。

孟子继承孔子的王道思想，对王道有了更为具体的论述。在《孟子·梁惠王章句上》第三节中，他说道：“不违农时，谷不可胜食也；数罟不入洿池，鱼鳖不可胜食也；斧斤以时入山林，材木不可胜用也。谷与鱼鳖不可胜食，材木不可胜用，是使民养生丧死无憾也。养生丧死无憾，王道之始也。”意思是：只要不违背农时，那粮食就吃不完；密孔的渔网不入池塘，那鱼鳖水产就吃不完；砍伐林木有定时，那木材便用不尽；粮食和鱼类吃不完，木材用无尽，这样老百姓便能够养活家小，葬送死者而无遗憾。老百姓生老病死没有缺憾，这正是王道的开始。孟子的这番话，可谓是对王道的一种形象的说法。从这番话中不难看出，所谓的王道，就是亲民、爱民、行仁政。

孟子认为，国君一旦施行仁政，就一定能够成为天下的王者：“五亩之宅，树之以桑，五十者可以衣帛矣；鸡豚狗彘之畜，无失其时，七十者可以食肉矣；百亩之田，勿夺其时，数口之家可以无饥矣；谨庠序之教，申之以孝悌之义，颁白者不负戴于道路矣。七十者衣帛食肉，黎民不饥不寒，然而不王者，未之有也。”意思是：在五亩大的住宅田旁，种上桑树，上五十岁的人就可以穿着丝绸；鸡鸭猪狗不失时节地繁殖饲养，上七十岁的人就可以经常吃到肉食；一家一户所种百亩的田地不误农时得到耕种，数口之家就不会闹灾荒；注重乡校的教育，强调孝敬长辈的道理，须发花白的老人们就不再会肩挑头顶，出现在道路上。年满七十岁的人能穿上丝绸、吃上鱼肉，老百姓不缺衣少食，做到这些而不称王于天下的是绝不会有的。

这番话也说明了什么是仁政的成效，用通俗的话来说就是：执政者自身具有仁德，并通过亲民、安民、养民、育民的政策让老百姓丰衣足食、安居乐业，老受敬养、民有所教。那么在具体施政上，该采取哪些政策呢？

首先，就要求国君要真心爱民，与民休戚与共。在《孟子·梁惠王章句下》第四节中，孟子写到："乐民之乐者，民亦乐其乐；忧民之忧者，民亦忧其忧。乐以天下，忧以天下，然而不王者，未之有也。"意思是：国君以老百姓的忧愁为忧愁，老百姓也会以国君的忧愁为忧愁。以天下人的快乐为快乐，以天下人的忧愁为忧愁，这样还不能够使天下归服的国君，是没有过的。

其次，要有爱民、惠民的好政策。孟子举了周文王治岐的例子："昔者文王之治岐也，耕者九一，仕者世禄，关市讥而不征，泽梁无禁，罪人不孥。"意思是：周文王治理岐山的时候，对农民的税率是九分抽一；对于做官的人是给予世代承袭的俸禄；在关卡和市场上只稽查，不征税；任何人到湖泊捕鱼都不禁止；对罪犯的处罚不牵连妻子儿女。对于鳏寡孤独这四种"天下之穷民而无告者"（天下穷苦无靠的人），文王实行仁政，一定最先考虑到他们。

除了轻敛薄赋、同情不幸外，还要让民有安居乐业的条件（即让民有恒产，且让民接受教育）。

执政者需具有仁德，让他们推行亲民、爱民的仁政措施，这些主张所遵循的就是儒家的仁义之道。这种政治理想把恢复社会安定有序的希望寄托在君主身上，明显属于人治的范畴。这样上失其道，民散久矣，可也成了人治社会共有的必然现象。也就是说，儒家的仁政政治主张，根本解决不了"上失其道"的问题，这样也就解决不了"民散久矣"的问题。不过，就儒家的那些亲民、爱民的举措以及让执政者自身具有仁德的主张来说，放在任何时代都具有积极意义。

第五章

忠

“君君，臣臣，父父，子子”的儒家纲常

在《论语·颜渊篇》中，齐景公问政于孔子，孔子给出的回答是：“君君、臣臣、父父、子子。”意思是：做君主的要像君的样子，做臣子的要像臣的样子，做父亲的要像父亲的样子，做儿子的要像儿子的样子。孔子的这番话，除得到了齐景公的赞赏外，也受到了后来的儒家学者的推崇，并衍生出了“三纲五常”的新理论，进而产生了愚忠、愚孝的行为要求。

事实上，在儒家先贤的伦理道德思想体系中，他们提出的忠也好，孝也好，还有其他的主张，都是从人的道德品质出发，以仁爱作为行为表现的，而不是以维护统治者的统治或愚人身心为目的。比方说，儒家先贤们提出的忠君主张，指的是以忠于事实为出发点，以实现国家安定和人民安居乐业为目标的对事不对人的仁爱主张。

儒家先贤们得出的忠，都是基于道德之上的美德。这些美德，时至今日，如果抛弃其中的一些时代局限性，以一种与时俱进的眼光来看，不仅可以继续作为一种美德推广，也能成为人们安身立命过程中十分有益的指导原则。

1. 君要臣死，臣不得不死？

在《论语·八佾篇》中，孔子说道："君使臣以礼，臣事君以忠。"意思是：君主任用臣子时要符合礼的规范，臣子侍奉君主时要用忠心。这句话中，孔子将"忠"与"君"联系在一起，表明臣侍君必须忠心的思想。但是，当我们了解了先秦时期包括孔子、孟子等在内的儒家代表人物的思想观点时就会发现，他们的忠君主张与后世的那种"君叫臣死，臣不得不死"的愚忠主张是明显不同的。在孔子和孟子等儒家的道德伦理思想体系中，不但有关忠君的内容所占份额不多，而且这些内容与后世所谓的那种愚忠有着明显的区别。首先来看看孔子对待忠君的态度。

在《论语·公冶长篇》中有这样的对话——子张问孔子："令尹子文，三仕为令尹，无喜色；三已之，无愠色。旧令尹之政，必以告新令尹。何如？"孔子回答说："忠矣。"子张要问的是：令尹子文几次做楚国宰相，没有显出高兴的样子；几次被免职，也没有显出怨恨的样子。他每一次被免职，一定把自己的一切政事全部告诉给来接任的新宰相。你看这个人怎么样？孔子给出的回答是：子文可算得上忠了。显然，孔子给出的结论中，"忠"，明显是忠于职守的意思。

同上面的表述一样，在孔子的思想中，忠，始终当作一种为人真诚、办事尽心尽力的美德。在《论语·子路篇》中，孔子说道："居处恭，执事敬，与人忠。虽之夷狄，不可弃也。"意思是：平常在家规规矩矩，办事严肃认真，待人忠心诚意。即使到了夷狄之地，也不可背弃。这里"忠"的意思同样是为人真诚、办事尽心尽力的意思，同温、良、恭、俭、让等一样，既是一种处理人际关系的准则，也是一种本自内心的美德。

在《论语·为政篇》中，孔子有涉及忠君的阐述：“季康子问：‘使民敬、忠以劝，如之何？’子曰：‘临之以庄，则敬；孝慈，则忠；举善而教不能，则劝。’”意思是：季康子问道：“要使老百姓对当政的人尊敬、尽忠而努力干活，该怎样去做呢？”孔子说：“你用庄重的态度对待老百姓，他们就会尊敬你；你对父母孝顺、对子弟慈祥，百姓就会尽忠于你；你选用善良的人，又教育能力差的人，百姓就会互相勉励、加倍努力。”在这段对话中，孔子所说的百姓忠君的前提是：君，必须善待百姓、对父母孝顺、对子弟慈祥。也就是说，如果执政者做不到这些，百姓也就没必要对他忠心。这种观点，与后世的愚忠截然不同。在《论语·宪问篇》中，孔子对待如何“事君”给出了明确的回答：“勿欺也，而犯之。”意思是：不能欺骗他，但可以犯颜直谏。也就是说，“事君”以“忠”，这个“忠”是一种真诚的为人态度，而不是无条件、无原则地顺从君主，必要时就要据理力争、犯颜直谏。

儒家是推崇仁政的，首先就要求当政者本身具有仁德。但是，在孔子本人的思想中，并不要求具有仁德的人一定要做忠臣。春秋时期的公子纠是齐桓公的哥哥。在齐襄公当政时，为避免受害，曾携带管仲和召忽投奔鲁国避难。后来，齐桓公杀了公子纠，一直跟随公子纠的召忽随即以自杀殉主，而管仲不但没有以自杀殉主，反而投奔了杀主的齐桓公。在《论语·宪问篇》中，子路就这件事向孔子提问：“管仲非仁者与？桓公杀公子纠，不能死，又相之。”孔子回答说：“管仲相桓公霸诸侯，一匡天下，民到于今受其赐。微管仲，吾其被发左衽矣。岂若匹夫匹妇之为谅也，自经于沟渎而莫之知也。”在这段对话中，子贡要问的是：“管仲不能算是仁人了吧？桓公杀了公子纠，他不能为公子纠殉死，反而做了齐桓公的宰相。”孔子回答的是：“管仲辅佐桓公，称霸诸侯，匡正了天下，老百姓到了今天还享受着他的好处。如果没有管仲，恐怕我们也要披散着头发、衣襟向左开了。哪能像普通百姓那样恪守小节，自杀在小山沟里，而谁也不知道呀！”也许有人会说，公子纠毕竟不是国君，仅是家“主”，所以管仲可以选择不以身殉主。这可视作在当时的时势下，忠君的确没有上升到后世的那种愚忠程度，所以孔子才没有刻意深入提及。也就是说，在当时人的心目中，还根本没有像后世那样对君主愚忠的观念。到了孟子的观点中时，儒家对待忠君的态度就十分明确。

在《孟子·离娄章句下》第三节中，孟子说道："君之视臣如手足，则臣视君如腹心；君之视臣如犬马，则臣视君如国人；君之视臣如土芥，则臣视君如寇仇。"意思是：君主看待臣子如同看待自己的手足，臣子就会把君主看待如同心腹；君主看待臣子如同犬马，臣子就会把君主看待如同常人；君主看待臣子如同尘土草芥，臣子就会把君主看待如同强盗仇敌。孟子的态度十分鲜明：对待君主，同样奉行你不仁我不义的原则，人不犯我，我不犯人，人若犯我，我必犯人。在他的眼里，君主并不是高高在上的主人，而仅是一位共事的位高者。

在《孟子·告子章句下》第七节中，孟子还对臣子的侍君行为有了界定："长君之恶其罪小，逢君之恶其罪大。"意思是：助长国君的恶行，其罪还小；迎合国君的恶行，罪就大了。这句话表明，孟子对待侍君行为，倡导臣子既不要助长君主的恶行，更不要迎合君主的恶行。也就是说，作为臣子，要有自己处事的立场，不能唯君主的意志是从。这同愚忠真可谓风马牛不相及。

在《孟子·万章章句下》第九节中，孟子有了更为直接的表达："君有大过则谏，反复之而不听，则易位。"意思是：国君有大的过错臣子们应劝谏，反复劝谏不听，就另立国君。这种态度，没有一点忠君的思想在里面，所主张的还是要求君主具有仁德、贤能。君主做不到这一点，臣子不仅没必要愚忠，反而还要做到废君另立。这种思想也是同孟子"民为贵，社稷次之，君为轻"的思想相一致。同样也表明了儒家先贤们的忠君思想是基于人的道德之上的一种真诚处世态度。

荀子的忠君观念，同孟子基本上是一致的。在《荀子·修身》中他说："事乱君而通，不如事穷君而顺焉。”意思是：侍奉暴君违背礼仪而显达，不如侍奉穷困的君主而按照礼仪治理国家。在《荀子·臣道》中，他指出：“逆命而利君谓之忠。”意思是：违抗君主的命令但有利于君主就叫作忠诚。《荀子·大略》中说得更直接：“天之生民，非为君也；天之立君，以为民也。”君，不过是上天设立来为百姓服务的，岂能让人对他效愚忠！

从孔子、孟子、荀子等儒家先贤的思想中可以看出，他们所谓的忠君，实际上遵从的是忠君之道，即“从道不从君”。意思是：依从正确的原则而不依从国君，而不是盲目地愚忠于君主本人。在《孟子·梁惠王章句下》第八节中，孟子把诛杀纣王这样的暴君称作为民除害，而不叫弑君。在《荀子·臣道》中，荀子也表达了同样的观点：“夺，然后义；杀，然后仁；上下易位，然后贞。功参天地，泽被生民，夫是之谓权险之平，汤武是也。”意思是：夺取君权，然后才能实行道义；杀掉君主，然后才能实现仁德；君臣交换位子，然后才能做到有操守。功业与天地并列，恩泽施加到广大民众，这叫作改变危险的局面而达到安定，而商汤、周武王就是这样的人。

所以，“君要臣死，臣不得不死”的说法并不是儒家先贤们的主张，其实质也是同他们“仁”的主张背道而驰的。这种说法大致成于汉朝董仲舒时期，属于“三纲”——君臣、父子和夫妻三种人伦关系的内容。究其实质，应是当时的御用文人歪解儒家经典、讨好或屈服于皇权而衍生出的一种愚民理论。在随后的岁月里，它一直被一些朝代堂而皇之地冒充为儒家正统观点，彻底沦为皇权的附庸和帮凶，从而上演了一幕幕窒息人性、戕害心灵的人间悲剧。时至今日，应为儒家先贤们洗刷冤尘了。

2. 居之无倦，行之以忠

我们常说，做一件事不难，难的是一辈子做这件事；又说，处理问题其实并不难，难的是始终以同一种心态来处理问题。怎样才能做到不“难”呢？孔子在《论语·颜渊篇》针对从政人员有个指导性的说法：“居之不倦，行之以忠。”意思是：在职位上要做到不懈怠，执行政令时要做到忠实。他的这个说法，与《论语·泰伯篇》中“不在其位，不谋其政”的说法有异曲同工之妙。尽管是针对从政者说的，但是，“居之无倦，行之以忠”可以扩展到任何职业领域，并能成为人们必须遵守的一种职业行为规范。

居之不倦，所体现的是一种爱岗、敬业、乐于奉献的职业素养。美国人有一句名言：“不要问国家能为你做什么，而要问自己能为国家做什么！”这从职业的角度来看，所强调的就是奉献在先的工作原则。不劳者不得食，这是自古以来人们对待物质分配所持的立场。对于不劳而获者，人们向来都是憎恶鄙视的。比如说，在《诗经·伐檀》中就是这样来鄙视不劳而获者的：“坎坎伐檀兮，置之河之干兮。河水清且涟猗。不稼不穑，胡取禾三百廛兮？不狩不猎，胡瞻尔庭有县貆兮？彼君子兮，不素餐兮！”既然不劳而获者一直为人诟病，那么，作为职业工作者，首先就应当于思想中树立敬业意识。

敬业，所体现的是对劳动的尊重，即在自己的工作岗位上，以一种高度负责的态度对待本职工作，兢兢业业，勤勤恳恳，以一种饱满的情绪投身到工作当中。而不是抱着做一天和尚撞一天钟的心态，做任何事都打不起精神，呈现出萎靡不振的样子。在《论语·公冶长篇》中，孔子对君子提出了“其行己也恭，其事上也敬”（意思是：自己举止庄重，侍奉君主恭敬）的行事要求。这种要求，所反映的就是现代意义上的敬业精神。

其次，要做到立足本职、乐于奉献。俗话说：“三百六十行，行行出状元。”一个人的精力终归是有限的，这就要求人们对待自己所选择的劳动或服务对象不能朝三暮四，而应该干一行爱一行。在《论语·宪问篇》中，曾子所说的“君子思不出其位”的意思是：君子考虑问题，不超出自己的职位范围。选择一个行业，从人生的角度来看，就如同一把双刃剑，是建立在利弊共存的机会均等上的。当你坚定于某一项选择时，实质上也就是放弃了许多原本同等机会的选择。就好比你选择了旅行，就等于放弃了安居一样，世界原本多姿多彩，选择一种职业本身，实质上就是一个奉献的过程。如果职业选定后，做不到安下心来投入身心去认真工作的话，那么这种选择就谈不上奉献，往往就会沦为折腾。因为，奉献的目的在于有产出、有收获。怎样才能有产出、有收获呢？从行业的角度来说，“术业有专攻”，一个人不可能同时成为两个行业的佼佼者。他应该树立起专攻的思想，把自己的追求定位于某一行业本身，这样才能做精、做深、做出成果。在《荀子·儒效》中，荀子就十分明显地表达出了这种观点：“（君子）有所止矣。相高下，视硗肥，序五种，君子不如农人；通货财，相美恶，辩贵贱，君子不如贾人；设规矩，陈绳墨，便备用，君子不如工人。”意思是：君子的才能与知识是有限度的。察看田地地势的高低，识别土质的贫瘠肥沃，安排五谷种植的顺序，君子不如农民；流通钱财货物，鉴定货物的优劣，争讨价格的高低，君子不如商人；设置圆规曲尺，陈设墨线，熟练运用工具，君子不如工人。这其中的农民、商人和工人，之所以能够超出君子，是因为他们长期坚守自己的职业，将自己的技能掌握到熟练运用的程度。他们之所以能够熟练运用技能，是因为他们能长期坚守各自的岗位，并“居之无倦”。

在《论语·为政篇》中，孔子提出“为政以德”的观点。从职业的角度来看，这种德就是“忠”，即以一颗忠实之心来对待本职工作。所以，行之以忠，实质上就是职业人所当奉行遵守的职业道德。儒家要求，身居管理职位的人，首先必须从我做起，以身作则，率先垂范。《论语·子路篇》中，孔子就谈到了“榜样”的作用：“上好礼，则民莫敢不敬；上好义，则民莫敢不服；上好信，则民莫敢不用情。夫如是，则四方之民襁负其子而至矣，焉用稼？”意思是：在上位者只要重视礼，老百姓就不敢不敬畏；在上位者只要重视义，老百姓就不敢不服从；在上位的人只要重视信，老百姓就不敢不用真心实意来对待你。要是做到了这些，四面八方的老百姓就会背着自己的小孩来投奔，哪里还用得着自己去种庄稼呢？按儒家的要求，作为身居管理职位的人来说，他们树立“榜样”的动机和目的并不是给别人看的，而应是一种顺乎道德操守的对事业的忠诚、务实。在《孟子·离娄章句上》第一节中，孟子站在国家的角度指出了“榜样”的重要性：“上无道揆也，下无法守也；朝不信道，工不信度；君子犯义，小人犯刑，国之所存者幸也。”意思是：在上者没有行为准则，在下者就没有法则可以遵守；朝廷之士不相信道义，下面的百工就不相信尺度；官员违背义理，百姓触犯刑律，这样的国家还能生存下去，那是侥幸。无论是从国家的角度还是从平民的视野来看，一个社会中如果普遍缺乏对事业的忠诚，没有一种务实的干劲，那么这个社会的人心定是处在乱世之中的。人民对国家表现出了无限忠诚，这样的国家必定是一个强国；员工对事业表现出了无限忠诚，这样的事业必定会兴旺发达。这是被无数事实证明了的。那么，怎样才能做到忠诚呢？

先从反面来看。孔子在《论语·子路篇》中把那些在工作中患得患失的人称为“鄙夫”。“鄙夫可与事君也与哉？其未得之也，患得之；既得之，患失之。苟患失之，无所不至矣。”意思是：可以和一个鄙夫一起侍奉君主吗？他在没有得到官位时，总担心得不到；已经得到了，又怕失去它。如果他担心失掉官职，那他就什么事都干得出来。所以，在工作中私心太重、患得患失的人就是对事业的不忠诚。要做到对事业的忠诚，就得把“忠”

融入心性当中，成为一种品德。这样，他在待人处事时，就会遵从内心，长期一贯地坚持下去。

儒家学说总体上是为实现他们的政治理想而提出并要求去实践的。不过，今天之人大可不必拘泥于他们的旧说，而应该将他们的思想发扬光大。从这点上来说，“居之无倦，行之以忠”，在今天就成为一种难能可贵的职业道德，放之任何行业而皆准。社会分工的多种多样并不断细化，需要更加专业化的人员去适应不同岗位。这就要求无论是身居高位的官员，还是打扫街道的清洁工，都应该以一种服务社会、顺应分工需要的心态投身到哪怕看似微不足道的专业领域，不好高骛远，而是干一行爱一行，有一分光发一分热。一旦坚守住了这种职业道德，这样的人必定能成为一个堂堂正正的人；而以这样的人组成的社会，必定会是一个充满正气、充满活力的社会；一个建立在这样的社会基础之上的国家，必定是一个强大而不可战胜的国家。

3. 忠信重禄，所以劝士也

现代社会是一个处处充满竞争的社会，大到两国之间的兵戎相见，小到日常生活中人们在物质需求上的攀比，各种竞争的方式和手段可谓五花八门。对此，竞争对手们无不使出浑身解数，恨不得立即脚踏对手、笑傲江湖。比如说在商业竞争过程中，谁都明白，要想让自己立于不败之地，就得让自己握有制胜的法宝——核心技术。于是，一些人不惜重金改善自己的装备、设施，以此来提高自己产品和服务的档次。这样竞争来竞争去，到头来有些人才恍然大悟似的发现，所谓的核心技术，实质上存在于人的大脑中。所以，现代社会的竞争，实际上就是人才的竞争。大到一个国家，小到一个企业或个体，谁拥有人才，谁就能在竞争中立于不败之地。但同时，谁都明白，人才具有流动性，不是谁想拥有就能拥有的。那么，怎样才能留住人才呢？

在春秋战国时期，有一种人才是最受欢迎的，那就是士人。这种人多是青壮年的男子，当时基本上依附于卿大夫阶层，成为他们的家臣。从谋事上来说，他们中有著书立说的学士，有为知己者死的勇士，有懂阴阳历算的方士，还有为人出谋划策的策士。如大家熟悉的刺秦王的荆轲，就是燕国太子丹的家臣；提出合纵六国以抗秦的苏秦，就是燕文公的家臣。这种人有一个特别受人欣赏之处：愿为知己者死，为人处世，以义当先。不妨举个聂政的例子。

聂政是战国时期韩国人。他年轻侠义，因为为民除害杀了人，便同母亲和姐姐荌逃到齐地（今山东境）避祸，以杀猪为业。韩国的大夫严仲子因为与韩相侠累在廷争时结仇，便潜逃到濮阳。他听说聂政的侠名后，便献巨金为他的母亲庆寿，并与聂政结为好友，求其为己报仇。聂政待母亡故并守孝三年后，回忆起严仲子对自己的知遇之恩，便独自一人仗剑进入韩都阳翟，刺杀侠累于阶上，接着格杀侠累的侍卫数十人。因怕连累与自己面貌相似的姐姐荌，他以剑自毁脸面，挖眼、剖腹自杀。其姐在韩市寻认到弟弟的尸体后，伏尸痛哭，然后撞死在聂政尸前。

从聂政的例子可以看出，这样的士人身上既有忠的美德，敢于担当，更有视死如归的大无畏的精神。可以说，在他们的身上集合着不但在当时，而且在所有历史阶段都需要和用得上的忠勇精神。在春秋战国那个乱世，各诸侯国所要做的就是吞并他国，以此来扩大自己的势力。要做到开疆拓土或保家卫国，就必须有忠勇之人。士人符合这个时代需要，他们成为大受欢迎并为人所广为笼络的对象，显然是出于社会安定的需要。孔子也从士人身上看出了他们对于国家安全的重要性，就向鲁哀公谈到了如何重用士人。他的谈话记载在《中庸》第二十章中："忠信重禄，所以劝士也。"意思是：真心诚意地任用他们，并给他们优厚的俸禄，这样就能体恤和安定士人。这样做后，"则士之报礼重"。意思是：士人们就会竭力报效。那么，什么样的人才算是士人呢？

在《荀子·哀公》中，鲁哀公就向孔子询问过这个问题。孔子的回答是："所谓士者，虽不能尽道术，必有率也；虽不能遍美善，必有处也。是故知不务多，务审其所知；言不务多，务审其所谓；行不务多，务审其所由。故知既已知之矣，言既已谓之矣，行既已由之矣，则若性命肌肤之不可易也。故富贵不足以益也，卑贱不足以损也：如此则可谓士矣。"意思是：所谓士人，即使不能彻底掌握治国的原则和方法，但必定有所遵循；即使不能尽善尽美，但必定有所操守。所以他了解知识不求多，而务求审慎地对待自己的知识；说话不求多，而务求审慎地对待自己所说的话；做事不求多，而务求审慎地对待自己所经手的事。知识已经了解了，话已经说了，事已经做了，那就像自己的生命和肌肤一样不可能再发生改变了。所以富贵并不能使他增加些什么，卑贱也并不能使他减少些什么。像这样，就可以称之为士人了。

孔子的回答，实际上也是鉴定士人的标准。其中士人最鲜明的一个特点就是对自己的言行负责。这种言行一致的行事方式，显然与儒家所倡导的知行合一的标准存在着差距。差就差在"知"上，这应该是孔子说他们不能彻底掌握治国的原则和方法、不求多知的缘由。士人的另一个突出特点就是：一旦选定自己的行事方式或目标，就不再更改，而且外界的富贵或卑贱都打动不了他。这既可说是士人的优点，也可说是士人的缺点。因为这样的处世态度会形成一种行为上的两极化：行善则善，行恶则恶。行善时往往会起到打抱不平、弘扬正气的作用；而行恶时往往就会因漠视社会的公德和良知，而起到助纣为虐的反面作用。对此，儒家先贤们看得十分清楚，无不在他们的政治主张中对士人提出了许多规诫和要求。

在《论语·里仁篇》中，孔子说道："士志于道，而耻恶衣恶食者，未足与议也。"意思是：士人的志向应该在于学习和实行圣人的道理，对于那些以自己吃穿得不好为耻辱的人，是不值得与他谈论道的。孔子要说的就是，士人尽管奉行言行一致的行事原则，但如果不追求一种高尚的人生信念，而以贪图虚荣和享受为目的，那么，这样的士人是不可救药的、不值得为人看重的。在《论语·泰伯篇》中，曾子就极为看重士人的人格修炼，并对他们提出了合乎儒家修身行为的要求："士不可以不弘毅，任重而道远。仁以为己任，不亦重乎？死而后已，不亦远乎？"意思是：士不可以不弘大刚强而有毅力，因为他责任重大而道路遥远。把实现仁作为自己的责任，难道还不重大吗？奋斗终生，死而后已，难道路程还不遥远吗？在士人中，有许多人都具有游侠的气质，就这点来说，既可称他们为勇士，也可称他们为斗士、战士或武士。他们行走江湖，坚守着不屈不挠的行事风格和永不退缩的人生信念。但是，人的主观意志通常与发现真相无关，这也就使他们在行动中往往鲁莽多于果敢，以至出现了误杀、枉杀乃至滥杀的行为。那么，怎样预防这种情况出现呢？曾子就提出了让他们接受"仁"，最终把"仁"融入心性。这样，一方面他们刚强有毅力，另一方面他们又具有"仁"心，这样所行的就是正道，就值得坚守下去。

孟子对士人的要求是："穷不失义，达不离道。""穷则独善其身，达则兼善天下。"意思是：士人在贫穷时，不要改变处事的原则，善待自身；在通达时，不改变做人的原则，同时要敞开心胸，为天下人谋利益。士人怎样才算通达呢？在《论语·颜渊篇》中，子张就问过这个问题。孔子回答说："夫达也者，质直而好义，察言而观色，虑以下人。在邦必达，在家必达。"意思是：所谓达，即品质正直，崇尚义气，善于辨察别人的脸色，揣摩别人的话语，经常想着谦恭待人。这样的人，就可以在国君的朝廷和大夫的封地里通达。

在《荀子·劝学》中写道："君子居必择乡，游必就士，所以防邪辟而近中正也。”意思是：君子居住要选择好的地方，交游要接近士人，这样才是防止自己误入邪途而接近正道的方法。在荀子的这个说法里，士人被当成一种值得依赖、可以倚仗的力量，也可算是一种精神上的安全支柱。

而儒家对士人也非常尊崇，并把他们视作一种具有人格魅力且必须倚重的力量。从国家安定的角度来看，他们所起的是中流砥柱的作用。这兴许就是孔子“忠信重禄，所以劝士也”的根本原因。

4. 忠信而不谀，谏争而不谄

在《论语·学而篇》中，孔子针对君子说过这样的话：“主忠信，无友不如己者。过，则勿惮改。”意思是：君子要以忠信为主，不要与自己不同道的人交朋友；有了过错，就不要怕改正。在《论语·颜渊篇》中，子张问孔子，怎样提高道德修养水平和辨别是非、防止迷惑的能力。孔子回答：“主忠信，徙义，崇德也。”意思是：以忠信为主，使自己的思想合于义，这就是尊崇道德。从孔子的这两句话中可以看出，“忠信”既是一种处世态度，也是儒家推崇的一种品德。

在《孟子·离娄章句上》第二十节中，孟子说：“君正莫不正。一正君而国定矣。”意思是：国君正直，全国的人就会都跟着正直起来。只要有一个正直的国君，那么全国就能安定。如果国君不正该怎么办呢？在《孟子·万章章句下》第九节中，孟子有了这样的表达：“君有大过则谏，反复之而不听，则易位。”意思是：对于国君有大的过错，作为臣子的要敢于劝谏，反复劝谏而君不采纳，就另立新君。

儒家的伦理道德思想最终是为政治服务的，所以他们提出的忠信的处世态度和谏诤的行事方式，通常都是针对行政行为来说的，当事人就是国君的臣子。在《荀子·臣道》中，荀子要求臣子们能做到："忠信而不谀，谏争而不谄。"意思是：忠诚守信而不阿谀，劝谏苦诤而不谄媚。具体该怎么把握其中的尺度呢？在这一篇中，荀子还说道："通忠之顺，权险之平，祸乱之从声，三者非明主莫之能知也。争然后善，戾然后功，生死无私，致忠而公，夫是之谓通忠之顺。"意思是：使忠诚不致壅塞而达到通畅，改变危险的局面而达到安定，祸乱必伴随迎合君意、随声附和而来，这三种情况不是英明的君主是不能明白的。向君主谏诤，然后才能行善；违背君主，然后才能立功；豁出生命而没有私心，极其忠诚而公正，这叫作使忠诚畅通无阻而达到顺从。荀子的这些说法当中，起码体现了这样两个原则：忠的对象是公、是国，而不是君主本人；谏诤是行善。作为臣子，只要将忠诚的对象定位为国家、以完全出自善良心性的言行来进行谏诤，就能做到公正无私，不会去阿谀、谄媚国君。这就是忠信、谏诤的尺度。忠信可说是一个人的处世价值观，它能够通过谏诤体现出来。那么，在现实中该怎样进行谏诤呢？

从荀子的这些话中可看出，在儒家的眼里，国君如果不进行道德修身，也只是平常人，他们同样会犯常人所犯的错误。针对这种情况，荀子将君主分为三种类型：圣君、中君和暴君。

圣君，应该具有理论上的正确性。按照儒家的观点，修身到圣人这个阶段，他就会无所不知、无所不晓，并且他的一言一行全都符合天道，他的一切行为都是承天道而来，也就不会犯什么过错。所以，对于这样的人就不存在谏诤。而中君，他本质上不坏，但通常会犯错误。从理论上来说，他们有接受谏诤的气度。所以，他们不只听得进溜须拍马之人的好话，也听得进臣子们批评自己过错的话。这就让谏诤有存在的必要。可以说，在中国历史上存在过的国君中，大部分都是中君。这也就有了敢于谏诤的臣子。

对于暴君，荀子给出的对待方式是"有补削无挢拂"，即在工作中尽量减少或弥补因暴君的过错而造成的损失，降低错误的程度，而不要像辅臣或拂臣那样，努力做到让暴君听从自己的谏言。从这种分类上来看，荀子提出的谏诤的对象也就只剩下中君了。

古人说："文死谏，武死战。"就其中的"谏"来说，似乎难度很大，这才需要文官拼着性命上场，抱着死不罢休的态度进谏。其实，这句话也表明古代所谓的圣君也仅停留在理论上，更多的都还处于修身的初级阶段。那么，处于被谏的对象，国君对臣子的谏言该持什么态度呢？在《荀子·强国》中，荀子这样写到："为人上者，必将慎礼义，务忠信，然后可。此君人者之大本也。"意思是：君主必须要慎重地对待礼义，务求忠诚守信，然后可以安定天下。这是做君主的根本原则。荀子在这番话中，同样对国君提出了要求：他们要重视礼仪，为人处世要讲究忠信。

对谏诤的内容有哪些要求呢？从时效上来说，在《论语·八佾篇》中，孔子说道："成事不说，遂事不谏，既往不咎。"意思是：已经做过的事不用提了，已经完成的事不用再去劝阻了，已经过去的事就不必再追究了。"遂事不谏"，应该说是谏诤的取事原则。在《论语·微子篇》中，楚国的狂人接舆所说的"往者不可谏，来者犹可追"（意思是：过去的已经无可挽回，未来的还来得及改正），可算是对这种取事原则的补充。儒家十分看好谏诤的作用。《孝经·谏争》中这样写到："昔者天子有争臣七人，虽无道，不失其天下；诸侯有争臣五人，虽无道，不失其国；大夫有争臣三人，虽无道，不失其家；士有争友，则身不离于令名；父有争子，则身不陷于不义。则子不可以不争于父，臣不可以不争于君；故当不义，则争之。从父之令，又焉得为孝乎！"意思是：从前，天子身边有七个直言相谏的诤臣，因此，纵使天子是个无道昏君，他也不会失去其天下；诸侯有直言谏诤的诤臣五人，即便自己是个无道君主，也不会失去他的诸侯国地盘；卿大夫也有三位直言劝谏的臣属，所以即使他是个无道之臣，也不会失去自己的家园；

普通的读书人有直言劝诤的朋友，自己的美好名声就不会丧失；为父亲的有敢于直言力诤的儿子，就能使父亲不会陷身于不义之中。因此在遇到不义之事时，如系父亲所为，做儿子的不可以不劝诤力阻；如系君王所为，做臣子的不可以不直言谏诤。所以对于不义之事，一定要谏诤劝阻。

儒家的这种敢于进谏的主张似乎很得后人的响应——自秦朝起，大多数朝代对谏言都非常重视，通常都设有谏议大夫一职。一般谏言的内容都包括："凡朝政阙失，大臣至百官任非其人，三省至百司事有违失，皆得谏正。"但是，从实际效果上来看，远没达到儒家所要达到的"制君"的目的。一些朝代中的谏官，往往沦为了君主的代言人，它所起的作用，有时无异于国君的帮凶。自中国秦汉以来漫长的历史中，除了像唐太宗那样较有胸襟的皇帝基本上能做到纳谏如流外，其余的皇帝根本做不到听得进谏言。这些皇帝，表面上看来满嘴的仁义道德，实际上处处唯我独尊，根本无视江山社稷和民生疾苦。这样的皇帝，参照荀子定出的标准，就等同于暴君。

在中国历史上，最著名的谏官非唐太宗时期的魏徵莫属。魏征进谏，凡是他认为正确的意见，必定坚持到底，当面直谏。针对皇帝个人享乐方面，他经常犯颜直谏。

儒家先贤们提出的谏诤，是建立在国家高度，从个人忠诚守信的道德准则出发，以推行仁政、维护百姓利益为目的的爱民举动。如果谏诤不成功，可以号召民众推翻国君的统治。而到了后代，所谓的谏诤完全与儒家先贤们的主张背道而驰，仅仅成为统治者巩固和维护帝王统治的一种欺人工具。

不过，如果从做人角度来看，"忠信而不谀，谏争而不谄"，放在任何人身上，处在任何时候，都具有积极意义，可以作为一个人待人接物的处世准则，是一种高尚的人格操守。

5. 进思尽忠，退思补过

古代有一副流传很广的对联：“忠厚传家久，诗书继世长。”在古人的心目中，对“忠”表现出了发自内心的推崇。在历史上，就因为关羽的忠心，从而让后人把他推到了“武圣”的高位。在北宋时，梁山好汉就因为最后忠于朝廷，从而让人将《水浒传》的主要行为精神定位为“忠义”。在南宋时，岳飞再怎么武功盖世，也抵不上其母亲在他的背上所刺的“精忠报国”四个字的光芒。对于奉儒家思想为正统的各个朝代来说，他们如此推崇“忠”，自然与他们出于巩固皇权统治的私心有关。试想，当一个朝廷中拥有着无数个忠于自己的人时，这样的统治能不巩固吗？不过，需要指出的是，后世统治者所灌输的“忠”，已偷换了概念，变成了彻头彻尾的愚忠、伪忠的意思，与儒家先贤们所倡导的“忠”的用意大相径庭。此处，不做过多的探讨，仅以今人的眼光从处世立业的角度来对“忠”做些解读。

一个不言自明的现实是，除了完全接受佛学教义的人外，作为社会中的普通人，通常都会抱着满腔的热忱于热爱生活的同时对人生也有着诸多憧憬。这种憧憬往往会转化成一种成就事业的冲动，支配着人去为梦想而拼搏、竞逐，而在通常情况下都会是付出必有回报，从而取得阶段性成就。缘于人的上进心也罢，缘于人的欲求不满也罢，作为性情中的人，这个时候谁都不会满足于现状，而会选择继续攀升。那么，在这种人生上升过程中，对待自己的事业应该持一种什么样的态度呢？

对儒家来说，他们的事业当然指的是治国平天下了。也就是说，儒家把从政作为人生的事业目标。对待事业，他们把“忠”树立为一种基于人的品质之上的美德。在孔子的授课内容中，“忠”是他必授的四大内容之一。

从儒家先贤们修身和济世的观点来看，他们所推崇的“忠”包含两个方面的内容：忠于心和忠于道。

在《论语·颜渊篇》中，子贡问孔子怎样对待友人，孔子回答：“忠告而善道之，不可则止，毋自辱焉。”意思是：忠诚地劝告他，恰当地引导他，如果不听也就罢了，不要自取其辱。这番话里的“忠”，就是忠于心，即“忠”是心性中的一项优秀品质，它忠于事实，以诚相待。在《荀子·哀公》中，孔子回答什么是君子时说道：“所谓君子者，言忠信而心不德，仁义在身而色不伐，思虑明通而辞不争，故犹然如将可及者，君子也。”意思是：君子，就是说话忠诚守信而心里并不自认为有美德，仁义之道充满自身而脸上并不露出炫耀的神色，思考问题明白通达而说话却不与人争辩，所以洒脱舒缓好像快要被人赶上似的，这就是君子。君子是儒家修身所要达到的一个较高道德层次上的人。修身到这个阶段的人，就具备了儒家所谓的治国平天下的资格。对于君子，孔子首先就要求他们具有“忠”的品质。同样，这种“忠”是表里如一的反映，是人的真实心性的自然流露。

在《论语·里仁篇》中，孔子曾对曾子说：“参乎！吾道一以贯之。”意思是：参啊，我讲的道是由一个基本的思想贯彻始终的。曾子回答：“唯。”即“是”的意思。孔子出去后同学们就问曾子：“何谓也？”意思是：夫子说的是什么意思。曾子回答:“夫子之道，忠恕而已矣。”意思是:老师的道，就是忠恕罢了。按儒家的观点，“率性之谓道”，即出自人的本性而选取的行事方式和处世态度称作“道”。孔子把“忠”作为自己一以贯之的“道”，表明他把“忠”作为一项道德原则，并且同样把它融入人的本性，而呈现出来就是忠于道。

儒家的“忠”，既体现在忠于言，做到知无不言、言无不尽，还体现在忠于事上，做到不偏不倚、事不蒙昧，但绝不体现在忠于人上。这就是儒家先贤的“忠”与后世所谓儒家的“忠”的概念截然不同之处。从这点来说，他们的思想境界可谓高下分明。人生本是有起伏的，但人的道德水准只有升没有降。所以，在人生的起伏过程中，儒家要求做到的是：进思尽忠，退思补过。

“进思尽忠，退思补过”是人的一种行为取舍及表现，它的实质恰是儒家所推崇的“忠”的美德的现实反映。其实，单从“进思尽忠，退思补过”这句话的出处来看，就能看出儒家对践行这种美德的褒奖。

鲁宣公十二年春天，楚庄王派军围困了郑国。经过三个月，攻克郑国，楚军进入郑国的都城。六月，晋国派军队去救郑国，荀林父统率中军，由先縠辅佐。当他们来到黄河边上时，郑国已同楚国讲和。先縠认为，晋国之所以能够强大，是缘于军队勇敢、臣下得力。如果听说楚国强大而退却，那不是大丈夫的表现。于是，他带领中军副帅所属的军队渡过黄河。荀林父的副将们认为，先縠这一去必定会战败。这样一来，作为最高统帅的荀林父就犯下大罪了，而不如大家都渡过黄河，这样即使战败了，有罪可以大家分担。荀林父听从了建议，率领晋军渡过了黄河。随后，楚庄王掌握荀林父不能有效制约军权这一弱点战胜晋军。这年秋天，剩下的晋军惨败回国。荀林父请求晋景公处死自己。晋景公准备答应时，士贞子在劝谏时说了这样一句话：“林父之事君也，进思尽忠，退思补过，社稷之卫也。”意思是：荀林父侍奉国君，进，想着竭尽忠诚，退，想着弥补过错，是捍卫国家的人。结果，晋景公听从了谏言，不但没杀荀林父，还让他官复原位。

在这个故事中，荀林父得以保全自己的原因，恰就是源于他“忠”的本性。这种本性，能让他做到坦然面对人生的起伏，以一种忠于事实的负责任态度来看待自身。他的这种表现，就源于他以道德修身来作为行为取舍和成败尺度的人生态度。在人生的过程中，成功固然可喜可贺，但失败也未必就显得仓皇落寞。对于以品德修身的人来说，失败看上去尽管让人伤感，但它不过是人生的一种表现，没有可悲之处。可悲的是，不知道从失败中找出导致失败的人格和道德方面的缺陷。所以，对待失败，要学会“补过”，也就是儒家先贤们所要求的修身“自省”。

自省的方法很多，既包括勤学多问来增长自己的知识，积极实践来增长自己的才干，还包括在独处的时候，在没有人监督自己的情况下，自己也能认真地进行内在的自我反思、自我约束、自我监督，以达到自省纠错、净化心灵和提高品质的目的。这种内在行为，不单是一种提升道德水准的方式，且其本身就是一种美德。

所以，“进思尽忠，退思补过”是一种基于道德原则的对待人生得失的积极态度，这同儒家“穷则独善其身，达则兼善天下”处世态度的精神是一致的；并且，这也是基于人性之上的一种行为准则，因而能经久不衰、影响深远。

6. 言忠信，行笃敬

在《礼记·杂记下》中有这样一句话：“居其位，无其言，君子耻之。”意思是：君子如果在他的职位上没有留下为人称道或给人启迪的言论，那么，对他来说就是耻辱。为什么这么说呢？因为在儒家的思想中，始终把立德、立功和立言当作人生最高的价值追求。这句话所涉及的就是立言。在《左传·襄公二十四年》中有这样一句话：“太上有立德，其次有立功，其次有立言，虽久不废，此之谓三不朽。”意思是：首先是树立德行，其次是树立功业，再次是树立言论。能做到这样，人虽然死了，其精神也久久不会废弃，这叫作不朽。在儒家先贤看来，立德，是做人的根基；立功，是做人的目的；立言，是做人的责任。唯有立德者做出的贡献，才可称为立功，才具有表率、榜样的作用；唯有立功者的言论，才具有传载、借鉴和启迪的价值。所以，人生在世，富贵只不过是因人因时的短暂享受，唯有立德、立功和立言能起到功在当代、流芳百世的功效。那么，怎样才能做到这些呢？

千里之行，始于足下。首先就得从人的一言一行做起。在《论语·卫灵公篇》中写了子张向孔子提的一个问题：如何才能使自己到处都能行得通？孔子给出的答案是："言忠信，行笃敬，虽蛮貊之邦，行矣。言不忠信，行不笃敬，虽州里，行乎哉？立则见其参于前也，在舆则见其倚于衡也，夫然后行。"意思是：说话要忠信，行事要笃敬，即使到了蛮貊地区，也可以行得通；说话不忠信，行事不笃敬，就是在本乡本土，能行得通吗？站着，就仿佛看到忠信笃敬这几个字显现在面前；坐车，就好像看到这几个字刻在车辕前的横木上，这样才能使自己到处行得通。孔子的态度十分明确，就是要求人们的言行必须做到忠信、笃敬。

在《孝经·卿大夫》中，孔子对人的言行具体要求是："非法不言，非道不行；口无择言，身无择行。言满天下无口过，行满天下无怨恶。"意思是：不合乎礼法的话不说，不合乎道德的行为不做；开口说话不需选择就能合乎礼法，自己的行为不必着意考虑也不会越轨。这样，所说的话即便天下皆知也不会有过失之处，所做的事即便传遍天下也不会遇到怨恨厌恶。一个人说话行事皆符合礼法、道德要求，是因为他的本性中已融入了忠诚的要素。缘于这种忠诚，他所说出来的话都是忠于事实可信的；他所采取的行动都是顺乎心性充满敬意的。这也就是儒家推崇的道德力量在具体生活中的体现。

在《孝经·士》中，孔子就对士人提出了"忠""敬"的言行准则："以孝事君则忠，以敬事长则顺。"意思是：用孝道来侍奉国君就是忠诚，用尊敬之道侍奉上级就会顺心。需要指出的是，这里面的"孝"同后世所倡导的愚孝有着本质的区别。愚孝，从一定程度上来看，往往无异于对人性的戕害。而儒家先贤提出的孝，实际上是一种爱心，是"仁"在具体生活中的体现。在这里,“忠”和“敬”都是美德的体现。在《孝经·广扬名》中,孔子针对君子指出了“忠”“敬”的重要性:“君子之事亲孝,故忠可移于君;事兄悌,故顺可移于长;居家理,故治可移于官。”意思是:君子侍奉父母亲能尽孝,所以能把对父母的孝心移作对国君的忠心;侍奉兄长能尽敬,所以能把这种尽敬之心移作对前辈或上司的敬顺;在家里能处理好家务,所以会把理家的道理移于做官治理国家。在这里,孔子把孝心转化为忠心,实际上就是把仁爱化作忠诚这种道德的表现。

从立身角度来看,言忠信,是儒家对人的言论所提出的道德要求,是儒家在要求人们做到谨言的同时,对于所言内容的可靠性、真实性提出的要求,即忠于事实,确凿可信;从生活的角度来看,忠,就是要求人们在待人接物的过程中,严格依据事实说话,“知之为知之,不知为不知”,不能信口开河,更不能胡编乱造。对于一个问题的看法和见解,要做到谨言慎言,有的放矢。信,是儒家要倡导的慎言的另一个方面,就是要求人们在生活中,对于自己没把握、不理解的问题或现象,不要轻易承诺或下结论——一旦做出承诺就要坚守下去,负责到底,而不要见异思迁,朝令夕改。而对于自己得出的结论,要建立在证据确凿的基础上,坚决杜绝盲目性。在《论语·学而篇》中,曾子就把“忠”和“信”当作每天必备的自省内容:“吾日三省吾身:为人谋而不忠乎?与朋友交而不信乎?传不习乎?”意思是:我每天多次反省自己,为别人办事是不是尽到忠诚了呢?同朋友交往是不是做到诚实可信了呢?老师传授给我的学业是不是复习了呢?有理由相信,一个人如果真的能够做到这一点,那么,他在社会交往过程中,必定会是个处处受人欢迎且为人所信任的人。

从立身角度来看,行笃敬,是儒家对人的行为所提出的道德要求,即对于人的行为态度、处事方式提出的要求。从现实生活的角度来看,笃,指的是一心一意,所做出的任何行为,都是自己最真实的动机的反映,而不是出于某种私心或利益权衡后的做作式表现。根据儒家修身要求,人的言行都应该是发自内心、顺乎心性的选择，也就不存在三心二意之说。敬，是人在行为中呈现出的状态，它是人处世态度的反映。按照儒家修身的要求，它同样是表里如一的反映，而不是为私心利益所驱使。它一般体现在两个方面：对事，高度重视，认真负责；对人，极为尊重，谦恭友好。

忠和敬，是儒家修身要求中的两种为人推崇的行事和处世态度，在儒家的心目中占据十分重要的地位。在《论语·季氏篇》孔子说的“君子有九思”中，忠和敬就占据二席：“言思忠，事思敬。”它们和人的信用、虔诚结合在一起，构成了一种建立在美德之上的行为准则，从而成为人们言谈举止的指南。这可以说是儒家指导人们言行、修身致用的一种有效手段，从它的可行性上来看，也可以说是一种对人美好言行的理想诉求。

为人忠诚，坚守信用，可以说是一个社会信任体系的基石。失去它，社会会陷入信任危机。轻则会导致人心不稳，重则会导致社会动荡。为事一心一意，恭敬友好，可以说是成就事业、达成社会交往和合作的必要前提。失去它，社会化分工与合作就会崩溃。轻则会让社会成为一盘散沙，重则会让社会的生产力发生严重倒退。所以，“言忠信，行笃敬”，是人类社会活动过程中两种建立在美德之上的不可或缺的处世态度和行为方式。

第六章

让

“不患寡而患不均”的中庸之道

让，是儒家处世的五种美德（温良恭俭让）之一。它充斥于儒家的各种学说中，涵盖的内容包括君臣关系、父子关系、长幼关系、夫妻关系和朋友关系这五种人际关系，也涵盖了国际交往、婚丧嫁娶、修身养性等各个社会生活领域。

让，是通过礼的形式呈现出来的。儒家认为，人们通过学习，了解和掌握人际交往过程中的礼节，就能避免愚昧无知和粗野鄙俗。如果再以一种谦虚的态度去实行这些礼节，就能构建起人际关系融洽和谐的社会。

所以，儒家推崇的让是中庸思想的一种行为体现，而它的道德要求就是谦让。在人际交往以及处理社会事务的过程中，以一种谦让的举止待人接物，就能避免矛盾摩擦，减少利益冲突。这其中所反映的是一种先人后己、舍己为人的理性选择。

儒家把谦让当作一种高尚的道德行为，并把它当作君子应当具备的道德品质。它体现着尊重、宽容和仁爱精神，也包含着对自己的自我约束。它所倡导的就是要做到宽宏大度，实现人与人之间和睦相处，社会关系和谐融洽。不过，儒家的谦让，并不是不分是非善恶、无原则的回避和退让，在关键时刻也要求人做到立场分明，敢于同各种邪恶现象和不道德的行为作斗争。用孔子的话来说就叫“当仁不让”。

1. 不拘泥，不偏激

拘泥是指人的思想或言行受到某种束缚后，不知变通，放不开手脚；偏激指的是人的思想或言行过于偏离正常轨道，失去公允。在具体生活实践中，拘泥和偏激都是不合正道的表现，是人们所要刻意回避和消除的负面因素。在儒家看来，它们是与中庸之道背道而驰的。

《论语·先进篇》中记载着这样一段对话。孔子的学生子贡问孔子："我的同学子张和子夏哪一个更贤明些？"孔子回答："子张常常超过周礼的要求，子夏却常常达不到周礼的要求。"子贡接着问："那么，子张是不是表现好一些呢？"孔子回答说："超过和达不到的效果是一样的。"

这段话中，孔子所要表达的意思是：事情做得过头，就跟做得不够一样，都是不合适的。其实质是对礼节在具体运用过程中要有一个度的把握。这个度就是一个平衡点，达不到或者超过这个平衡点，都是不合礼数的。正所谓"帆只扬五分，船便安；水只注五分，器便稳"一样，达不到这个平衡点，是缘于拘泥；超过平衡点，是缘于偏激。正确的做法是与儒家的中庸思想相契合，不拘泥，不偏激。

众所周知，儒家在对待教育问题上，讲究不拘泥于形式，因材施教。那要怎样做呢？《论语·先进篇》中就列举了孔子的做法。有一次，子路向孔子讨教："先生，如果我听到一种正确的主张，可以立刻去做吗？"孔子回答:"总要问一下父亲和兄长吧，怎么能听到就去做呢？"子路出去后，另一个学生冉有来到孔子面前问道："先生，如果我听到一种正确的主张，可以立刻去做吗？"孔子回答："对，应该立刻去做。"冉有走后，公西华奇怪地问："先生，一样的问题，你的回答怎么相反呢？"孔子说："冉有性格谦逊，办事犹豫不决，所以我鼓励他临事果断。但子路逞强好胜，办事不周全，所以我就劝他遇事多听取别人的意见。"

为什么要施行因材施教呢？《礼记·学记》中，孔子就指出了当时教学的弊端："今之教者，呻其占毕，多其讯，言及于数，进而不顾其安，使人不由其诚，教人不尽其才；其施之也悖，其求之也拂。夫然，故隐其学而疾其师，苦其难而不知其益也，虽终其业，其去之必速。教之不刑，其此之由乎！"意思是：今天的教师，单靠朗诵课文，大量灌输，一味赶进度，而不顾学生的接受能力，致使他们不能安下心来求学。教人不能因材施教，就不能使学生的才能得到充分发展。教学的方法违背了教学的原则，提出的要求不合学生的实际，这样学生就会痛恶他的学业，并怨恨他的老师，苦于学业的艰难，而不懂得它的好处。虽然学习结业，他所学的东西必然忘得快，教学的目的也就达不到，其原因就在这里啊！孔子所指出的这些弊端，到了当今社会，仍然存在，可以说是千年都难以解决的问题。

如果我们抛开求知这一领域，很快就会发现，儒家所推崇的仁义道德等包括个人修身在内的诸多礼仪行为中，其实是非常在意专注细节的，反对人们不拘小节。比如《中庸》中说道："君子戒慎乎其所不睹，恐惧乎其所不闻。莫现乎隐，莫显乎微，故君子慎其独也。"意思是：君子在人们看不见的地方也自觉地警惕、谨慎，在人们听不见的地方也仍然战战兢兢。没有什么隐秘可以不被发现，没有什么小事可以不被显露，所以君子在独处的时候也十分小心谨慎。再如《尚书·旅獒》中说："不矜细行，终累大德。"意思是：不拘泥于细节，最终必会连累成就大德。也就是说，儒家是非常在意细节的，格外强调细节对于品德修身的重要性。那么，把"不拘泥"归于中庸之道的范畴又从何谈起？这二者岂不是存在着明显的矛盾吗？

粗看起来的确如此。但是，细究过后却发现，中庸之道中的不拘泥与儒家学说的各种拘泥细节的道德修身观念并不矛盾，是一个问题的两个方面、两种态度。中庸之道中的不拘泥是从修身者个人感受的角度出发，对外界回馈或添加到自己身上不公不正的各种行为，比如说与人交往时，有人怠慢了自己，或者有人无故冲撞了自己等，能够以一种平和的心态坦然视之。所以，这种不拘泥，实质上就是一种礼让精神。通俗来理解就是做人要大气，胸怀宽广，不斤斤计较。

人，都是渴望被尊重的。受到他人的尊重，总是一件让人欣慰的事。由此带给人的自然是好心情。这时，谁都可以做到不拘泥小节，颇有大将风度地置之不理。但是，当自己不被尊重，甚至受到了恶意的嘲弄时，出于人之常情，谁都似乎有理由大吵大嚷一阵，或者做些针锋相对的斗争。而只是这样一来，矛盾会迅速激化，吵嚷会逐步升级，最终甚至会发展到打斗。对于这种情况，儒家的处事方式是，严格按照中庸之道行事，不使用偏激的言语，不采取偏激的行动，以一种平和的心态止息纷争，恢复世间的安宁。

明代的洪应明说："人之过误宜恕，而在己则不可恕；己之困辱宜忍，而在人则不可忍。"意思是：别人的过失和错误应该多加包容宽恕，而错误过失在于自己，则不可以原谅自己；自己遭受困难侮辱的处境，应该要忍耐坚持，而当别人遭受到困难侮辱，则不可以视而不见，应该尽快伸出援手帮助他。这句话，除了深谙儒家仁爱的思想外，还体现着儒家处理问题不拘泥、不偏激的中庸之道。这样为人处世，就能遵循平衡法则，避免走向极端，让天地万物各得其所。

孔子把中庸作为人的一项美德进行宣扬和赞誉。他认为，凡事都利用中庸的思维去解决问题，不走极端化，利用温和的思维和方法进行思考和行动，那么，天下就可以教化而治，走向太平。为此，他希望人们"审问之，慎思之，明辨之，笃行之"，即广泛地学习，详细地求教，慎重地思考，清楚地辨别，切实地实行，以把中庸之道推而广之。

毫无疑问，不管时代如何变迁，《中庸》中所包含的一些积极思想，仍然具有长久的魅力。其中的不拘泥、不偏激等观点，对于今人安身立命仍具有指导作用。试想，如果今天的你在做人上严于律己，不拘他人的小节，让自己具有礼让精神；在处事时，仁慈待人，不苛责他人，心态平和，不偏激，不强词，让美德来武装人们的心性，那么，这样的社会岂止是一个和谐所能道及的！

2. 适可而止，不偏不倚

每个人都有自己的欲望。然而，在现实中，总有一些人并不能正确把握自己的取舍，一心只为了满足自己的欲望而无所不用其极，结果贪婪成性，最终为人唾弃。那么，应该怎样把握自己的选择呢？

首先要明了的是，缘于人的本性，每个人都有七情六欲。正是这些情、欲，支配着人们去索取、去追求。它们是人活在世上战胜困难、改造自然和推动人类社会走向进步的内在原动力。正是因为有了它们，人类才变得有理想、有信念，才会去发明创造，才会有科学的进步，才会有各种物质和精神方面的建树。所以，有情、欲并不是坏事。那种想通过泯灭人与生俱来的情欲来实现所谓的理想社会的思想，无异于自欺欺人，最终必然只能以失望收场。但是，我们也应该清醒地看到，同样是这些情、欲，有时会让人类失去理性，怂恿着人类去斯杀同类、荼毒生灵，让一些人变得穷凶极恶、丧心病狂，以至于出现道德堕落、纲纪败坏、社会无序、人伦失常的混乱凄惨现象，简直把人间变成了地狱。因此，一个明显的事实是，人的欲望是永无止境的，它们总会时刻不停地诱惑着人们去索取最高的物质享受和精神需求。而针对人的这种心性，儒家给出的答案是：凡事要适可而止。

适可而止，就是指待人接物和做事要恰到好处，不要超过限度。怎样才能做到适可而止呢？儒家从日常起居的修身谈起，首先强调的是要做到饮食有节。孔子在《论语·乡党篇》中就说道："食不厌精，脍不厌细……肉虽多，不使胜食气。唯酒无量，不及乱……不撤姜食，不多食。"人们总爱好美酒佳肴，面对它们总会胃口大开，吃起来没个停歇的时候。因此孔子提出，食不厌精，脍不厌细，是人的共同爱好。但是面对可口的酒肉，绝不能由着性子乱吃一气，而要有节制，这样才不会伤身体。

《东周列国志》第七十回也表达了同样的观点："所以然者，由我王能恤民力，适可而止，去其醉饱过盈之心故也。"意思是：之所以这样，是因为我们的国君能够体恤百姓，税收达到百姓承受的限度后就停下来，并抛弃掉他饮食上无节制的心性。这其中所体现的就是儒家节制的思想。

在待人接物过程中，儒家适可而止的观点也体现在行为举止的克制上。儒家的传承人曾子就说过这样的话："君子所贵乎道者三：动容貌，斯远暴慢矣；正颜色，斯近信矣；出辞气，斯远鄙倍矣。"意思是：君子待人接物时，在三个方面特别在意：容貌严肃，可以避免别人的粗暴和怠慢；面色端庄，容易使人信服；讲究言辞和语调，可以避免鄙陋和错误。作为性情中人，谁都有权由着自己的性子或引吭高歌，或乱说一气；放纵自己的心情，或喜形于色，或手舞足蹈。但是，这样一来，他自己和他所代表的群体乃至国家的形象就会受损，从而失去民众或他人的信任。所以，作为社会中的一员，谁都不能做到随心所欲，只能是遇事克制自己，适可而止。

儒家主张以礼的形式来规范人的行为。那么，在人际交往中是不是如俗话所说"礼多人不怪"，也就是礼越多越好呢？事实上，儒家并不这么认为。在《礼记·曲礼》中就做出了这样的规定：礼不逾节。凡事都有个限度。作为礼，固然能调节和改善人际关系，让社会变得井然有序，但是，如果做不到节制，不能适可而止，就会招来耻辱。比如说，晚辈遵从礼节给长辈磕头，在儒家看来本是巩固人伦秩序的正常表示，但是，如果晚辈磕起头来没完没了，这还能起到正常的效果吗？

再好的果实熟过了头就会腐烂，再好的事情做过了头就会起负面作用。所以，人的任何欲求必须有度，做到适可而止，不涸泽而渔，不焚林而猎，不杀鸡取卵，凡事三思而后行。否则，物极必反。一味地放纵本性就会走向骄奢淫逸、暴殄天物，从而迷失本性，堕落为欲望的奴隶。唯有把握原则，掌握限度，做到适可而止，才能实现儒家所倡导的修身养性和治国平天下的各种要求。

适可而止，充分体现了儒家礼让的思想，同时也反映了不偏不倚的中庸思想。什么是不偏不倚？《中庸》中孔子说："君子和而不流，强哉矫！中立而不倚，强哉矫！国有道，不变塞焉，强哉矫！国无道，至死不变，强哉矫！"意思是：君子和顺而不随波逐流，这才是真正的强！中立而不偏不倚，这才是真正的强！国家有道之时，也不改变穷困时的操守，这才是真正的强！国家无道之时，至死也不改变志向，这才是真正的强！孔子的这番话是站在国家的角度上说的。从中可以看出，不偏不倚指的是在处理事务过程中立场上所表现出的不偏袒任何一方的公正态度。

在《中庸》中，孔子还针对君子提出了该怎样做到不偏不倚。"君子素其位而行，不愿乎其外。素富贵，行乎富贵；素贫贱，行乎贫贱；素夷狄，行乎夷狄；素患难，行乎患难。君子无入而不自得焉。在上位，不凌下；在下位，不援上。正己而不求于人，则无怨。上不怨天，下不尤人。"意思是：君子按照当时所处的地位行事，不抱非分之想。处在富贵的地位，就按照富贵者的身份行事；处在贫贱的地位，就按照贫贱者的身份行事；处在夷狄的地位，就按照夷狄的身份行事；处在患难之中，就按照患难者的身份行事；君子无论处在什么地位，都能够恰如其分地行事。身居上位，不欺凌在下位的人；身居下位，不巴结在上位的人。端正自己而不求于人，这样就不会招致怨恨。做到上不埋怨苍天，下不归罪他人。

从这番话中可以看出，孔子心目中的不偏不倚首先是一种气节操守。

人的欲望尽管无止境，但满足人的欲望往往是有限度的。这也就导致人在社会中出现身份、地位这样的差异。面对差异，该怎么做呢？孔子要求，正视差异，满足于现状。居下位者不抱怨、不谄媚；居上位者不欺凌、不自负。这种观点，现代人理解起来更容易。因为人在社会当中出现的各种差异，实际上是社会分工不同造成的。不可能人人都能按照自己的心性去满足自己的欲求。所以，正确的态度是做好本职工作，有一分热发一分光。这实际上也是一种良好的敬业精神。

当然，儒家所倡导的不偏不倚，更直接的还是从个人的品德修养上升到处事方式上来说的。这里的品德修养，就是指儒家以“仁”为核心的平和心性；这里的处事立场，就是以中庸思想为主导的执允公正的立场。人类有欲的同时，总有情相伴。所以，情欲实是人的一种本性。作为正常的人，他在担负起社会角色的过程中，就难免会受到情欲的左右。在现实中，谁都会遇到喜怒哀乐、生老病死这些社会现象。这时，出于人之常情，谁都有可能放纵一下自己的情感。只是这样一来，往往就会出现道德沦丧的情形。比如说，当自己突然遇到别人无端指责时，自己应该怎么做呢？按照儒家的要求，此时应该内心不发生喜怒哀乐的情绪，始终处于平静、安宁、祥和的状态。这就是采取不偏不倚的方式来对待情感变化的正确方式。

儒家思想的最高目标是为了让人通过修身来实现治国平天下的。所以，不偏不倚更主体现在处事方式上。这种处事方式所持的立场，同今人所说的“以事实为依据，以法律为准绳”的精神是一致的。处理任何政事，不唯权势、不唯资历、不唯身份等别，在规则面前一视同仁。这种立场，在今天仍然难能可贵。

在处事限度上，要做到适可而止；在处事立场上，要做到不偏不倚。这是儒家中庸思想中对待个人情欲的两个指导原则。

3. 均无贫，和无寡，安无倾

熟悉中国历史的人都知道，每当农民擎起造反大旗要推翻一个旧政权时，他们总会提出一个响亮而又激动人心的口号——“均贫富”。那么，这个口号有什么历史渊源，又包含着什么意思呢?

要说这个口号的历史渊源，可以追溯到孔子时代。孔子在《论语·季氏篇》中说道:“有国有家者，不患寡而患不均，不患贫而患不安。盖均无贫，和无寡，安无倾。”意思是：诸侯和大夫，不怕得到的财富少，而怕财富占有不均；不怕生活贫困，而怕社会不安定。财富占有平均了，也就没有所谓的贫穷和富裕了；大家都团结起来，就不会感到人口少；社会安定，也就没有倾覆的危险了。孔子的这番话，大体表达了这样的意思：财富分配不均，其危害要远大于贫穷的危害，并且会导致人心失和，进而导致社会不安定。

首先看一下孔子说这段话的背景。季孙是周室的后裔。有一次，他准备用武力讨伐依附于鲁国镜内的颛臾国。冉有和子路（他们都是季孙的家臣）二人听说后就告诉了孔子这件事。孔子听后就责备冉有，同时指出：颛臾处在鲁国的疆域之中，是跟鲁国共安危的藩属，然而，冉有看着季孙这样做却不去制止，是严重失职。冉有解释说：“颛臾，城墙坚固，而且离季孙的采邑——费国很近。现在不把它占领，日后一定会给子孙留下祸害。”孔子听了十分生气，在指责了冉有的贪心之后，就说了上面那番话。紧接这番话他指出，做到“均无贫，和无寡，安无倾”之后，如果远方的人还不归服，应该发扬文化道德的力量来感召他们，而不是战争。

从孔子对待这件事的态度中，可以十分明显地看出孔子的反战思想。这实际上也与他一贯坚持的仁爱及以德服人的思想相一致。在孔子看来，任何形式的战争都是可以避免的。战争爆发的因素，无非是为了各自的利益。要想避免战争，就必须正确对待财富的分配。怎样的财富分配才是合理的呢？他从人性的角度提出观点：不怕得的财富少，而怕财富分配不均。只有“均”，才会“无贫”。这其中的关键在于“均”。该怎样来理解呢？其实，从人们不怕得到财富少的心理中就可看出，这里的“均”绝不是均匀——即每个人都分到完全相同的财富的绝对平均，而是指占有财富的手段和方式上相同，是建立在共识基础上的分配公平。用通俗的比喻来形容就是，按规定，同样是参加劳动，每干满一个工时得钱一两。到分配时，不论是平民的儿子，还是国君的儿子，甚至国君本人，都必须按这个标准来分配。同样合格工作十个工时，不能因为是平民的儿子就只分配给工钱九两甚至更低；同理，不能因为是国君的儿子或国君本人，就能够享有特权，能够分配工钱十一两或更高。这种分配，体现的就是公平合理。以这种方式占有财富，就是“均”。这种分配思想，实际上就是孔子不偏不倚的中庸思想的体现。

其实，贫和富是个相对概念，无贫也就无富。把“均无贫”理解为人人所得相同，就会犯绝对平均主义的错误。绝对平均主义指的是在物质分配、财富占有以及精神享受诸方面，人人享有完全相同的份额和待遇。也就是说，别人能得到或享受什么，你也能得到或享受到，并且数量和份额都是无差别的。但当物质匮乏之时，就是绝对平均主义行不通之时。这时，人们不仅没有了绝对的平均，甚至连一般意义上的平均也会没有，有的只是随之而来的纷争。所以，孔子所说的“均无贫”，实际上所强调的是财富分配上的公平。

孔子生活的年代，周室衰微，诸侯纷争，在各诸侯国之间通常上演的都是大鱼吃小鱼的游戏。比方说上面提到的季孙要攻打的颛臾，就是因为自己力量小，才会被人觊觎。作为一个人口小国来说，该怎样来面世呢？孔子给出的答案是“和无寡”。这其中的关键在“和”字。那么，怎样才是

“和”呢?

我们知道，孔子生活的年代，是诸侯纷争的年代。因而，各诸侯国间的厮杀、吞并轮番上演。伴随这些乱象的就是社会道德水准的急剧下降。这也就让孔子这样的有心人忧心如焚。于是，他提出了以仁为核心、以礼为规范的德治天下的政治主张。在这些主张之间，贯穿着一种精神，就是和。这种和涵盖了人与社会之间、人际之间和人与自然之间的三个方面。什么是和？孔子在《中庸》中说：“喜怒哀乐之未发，谓之中；发而皆中节，谓之和。中也者，天下之大本也，和也者，天下之达道也。致中和，天地位焉，万物育焉。”意思是：人的喜怒哀乐尚未表现出来，叫作中；表现出来而又处处合乎规范，叫作和。中，这是天下的最大根本；和，这是天下的普遍规律。达到了中和，天地就会有条不紊，万物发育生长。由孔子的这番话可看出，他所谓的和，指的是人际交往中合乎儒家倡导的礼仪规范的行为。《论语·学而》中就有说：“礼之用，和为贵。”儒家把和当作天下共行的大道，如果能让中与和的精神达到圆满的境界，那么天地万物就都能各安其所，各遂其生。所以，儒家的和，是由人与人之间相处的和睦推广到整个社会乃至人与自然界万事万物间的和谐。

在孔子看来，国家不在大小，或是人口的众寡。如果一个国家的民众离心离德，毫无凝聚力可言，那么人口即使再多，相对敌国来说，也只是一群乌合之众，一遇到生死攸关的时候就会如同一盘散沙，一触即溃。所以，兵不贵多，而在于能征善战；人不嫌少，而在于精明能干。只要能和睦相处，团结一心，就会以一当十，形成巨大的力量。事实上，小到个人，大到一个集体乃至一个国家，其成败的主因都不在于外界因素，而在自身内部，也就是所谓的内因决定外因。自身肌体健康、社会和谐、人民安定，就不用担心自己的国家会被倾覆。这也就是孔子“安无倾”的本意。

人民安居乐业，是国家平稳、政权稳固的重要条件。孔子提出的“均无贫，和无寡，安无倾”的见解，无疑具有相当的洞察力。一个社会的发展，并不取决于物质财富的创造能力和物质产出的数量，而取决于人民对待物质财富的态度。其中，物质财富的分配和占有方式起着决定性的作用。按照孔子的观点，物质财富的分配和占有，必须要建立在公平的基础上。这样的物质处置方式，是遵从人性，符合社会共识的。反之，历史也证明了，那种“大锅饭”式的均贫富，最终造成的后果不仅是共同贫穷，还有共同落后。落后就要挨打，挨打会进一步加速社会落后。如此恶性循环，结果必然是国将不国。

所以，一个良性发展的社会，首先必是一个公平的社会。而建立在公平合理之上的社会，必是一个和谐的社会。

4. 凡事预则立，不预则废

人生在世，总会有许多祈盼，包括理想和欲望。但是，试图循着自己的祈盼去追求时，对于大多数人来说，有时就如同步入漫无边际的荒野一样，感觉不到路在何方，对自己来到世上生存的意义有着茫然若失的感觉。的确，在现实中，能称心如愿的成功者似乎总是少数人的专利，对于绝大多数人来说，上帝似乎忽略了他们的存在。不过，如果我们静下心来，将目光落在那些成功者身上时就会发现，这些人于有意无意中切合了一条成功法则：于人生，于事业，都有着事前的谋划。

孔子在《中庸》第二十章中说：“凡事预则立，不预则废。”意思是：不管什么事，事先有所准备就能成功，事先没有准备就会失败。他进一步解释道：说话事先有所准备就不会中断，做事事先有所准备就不会受窘，行动之前有所准备就不会出错，道路事先计划妥当就不会走投无路。这些话，充分表明了以孔子为代表的儒家先贤对事先谋划的高度重视。

从人生角度来看，事先谋划，实质上就是对人生未来道路的取舍规划。儒家学说的目的就是为了实现天下太平有序。对个人来说，也就是实现“平天下”这一最高政治目标。为实现这一目标，个人就得事先进行谋划。怎么谋划呢？那就是首先从道德修炼做起。《大学》第一章就明确提出：“古之欲明明德于天下者，先治其国；欲治其国者，先齐其家；欲齐其家者，先修其身；欲修其身者，先正其心；欲正其心者，先诚其意；欲诚其意者，先致其知。致知在格物。物格而后知至，知至而后意诚，意诚而后心正，心正而后身修，身修而后家齐，家齐而后国治，国治而后天下平。自天子以至于庶人，一是皆以修身为本。”意思是：古代那些要想在天下弘扬光明正大品德的人，首先要治理好自己的国家。要想治理好自己的国家，就先要管理好自己的家庭和家族；要想管理好自己的家庭和家族，先要修养自身的品性；要想修养自身的品性，先要端正自己的心思；要想端正自己的心思，先要使自己的意念真诚；要想使自己的意念真诚，先要使自己获得知识；获得知识的途径在于认识、研究万事万物。通过对万事万物的认识、研究后才能获得知识；获得知识后意念才能真诚；意念真诚后心思才能端正；心思端正后才能修养品性；品性修养后才能管理好家庭和家族；管理好家庭和家族后才能治理好国家；治理好国家后天下才能太平。

对待求知，孔子认为，首先要端正态度：“知之为知之，不知为不知。”一个人的见识终归有限，对于现实世界，必有许多未知的领域，谁也做不到对一切了如指掌。对待未知事物，要以一颗谦虚之心去学习，不要不懂装懂。作为一个好学的人，首先要“不耻下问”。孔子提出“三人行，必有吾师焉，择其善者而从之”，主张学人之长。他的这些观念，无疑具有明确的指导意义。所以，南宋时期的朱熹在读《论语》时郑重地说：“须将圣人言语切己，不可只作一场说话。”

《大学》中指出了什么是诚意：“所谓诚其意者，毋自欺也。如恶恶臭，如好好色，此之谓自谦。故君子必慎其独也。”意思是：所谓使自己的意念诚实，是说不要自己欺骗自己。就像厌恶恶臭的气味一样，就像喜爱美色一样，一切都发自内心的真实，这样才能使自己心满意足。所以，君子哪怕是在一个人独处的时候，也一定要戒慎。

孔子关于诚意，有着众多描述。在《中庸》中，他就大谈了一番。他指出，要使自己有诚意是有方法的：首先要明白什么是善，如果不明白什么是善，便不能使自己有诚意。诚，是上天的准则；做到诚，是做人的准则。作为上天准则的诚，不用勉强就正好，不用思考就得到，从容不迫，一举一动都恰如其分，能这样做的就是圣人。要做到诚，就要择善而从，并且牢牢抓住不放。心怀至诚，就可以预知未来。诚，贯穿于万物的始终，没有诚也就没有万物。所以，诚，就是自身品德修养的完成，君子把诚看作是最高贵的品德。

《大学》对正心的解释是：“所谓修身在正其心者，身有所忿懥，则不得其正；有所恐惧，则不得其正；有所好乐，则不得其正；有所忧患，则不得其正。心不在焉，视而不见，听而不闻，食而不知其味。此谓修身在正其心。”意思是：修养自身的品性为什么要先端正自己的心思，是因为心有愤怒就不能够端正；心有恐惧就不能够端正；心有喜好就不能够端正；心有忧虑就不能够端正。心思不端正就像心不在自己身上一样：虽然在看，但却像没有看见一样；虽然在听，但却像没有听见一样；虽然在吃东西，但却一点也品尝不出是什么滋味。所以说，要修养自身的品性必须先端正自己的心思。

儒家所倡导的修身，一是指修德，二是指修智。那怎么修德呢？首先“取人以身，修身以道”。意思是：选拔人才取决于他自身的品德修养，品德修养取决于这个人是不是遵循正道。这里的“道”指的是“天命之谓性，率性之谓道”中的“道”，即基于人的本性自然而然生发出的一种行为准则。接下来就是“修道成仁”。所以，儒家所倡导的修身，从人性上来讲，就是要把人培养成具有仁德的君子。

那怎么修智呢？就是要把自己修炼成为知行合一的人。孔子说，人的本性不同：有的人是秉性聪明，天资很好，属于天才类型的人；有的人不是生来就具备知的能力，而是靠后天学习才具备知的能力；有的人是经过磨炼后才具备知的能力。所以，除了那些所谓的天才外，人们都要在后天中通过学习来增长自己的才智，把自己培养成为一位智者。这学习的过程，就是修智的过程。到"智者不惑"这个阶段，再加上已修成的良好品德，这样的人就成为具有立世基础的君子了。

儒家对修身是极为看重的，并把它作为一个人具备治国才能的必要条件。楚国有一位令尹叫詹何。有一次楚王问他治国最重要的是什么？他回答说："修身。"楚王再问时，他仍然十分坚定地回答："修身。"在推崇修身的同时，还强调必须要做到"齐家"。

儒家的齐家观念，是从安身的角度提出的，目的是希望家庭成员齐心协力、和睦相处，从而让家庭中走上"治国"岗位的人能够不为家事分心，无后顾之忧。把它放在修身之后，体现了儒家修己安人的良好愿望。

对于儒家提出的平天下的政治目标来说，求知、诚意、正心、修身和齐家，就是平天下前的"预"。通过"预"，一个人也就合乎"平天下"的条件了。反之，一个人如果不事前进行"预"，他也就会因不具备条件而丧失平天下的资格。

当然，孔子提出的"凡事预则立，不预则废"的观点，也可以扩展到生活的方方面面。大到国家发展规划，小到个人的职业设计，乃至生活中各种未雨绸缪的琐事，都可以去事先谋划。只有这样，生活才能有条不紊，人生才会少走弯路，成功也不再只是少数人的专利。

5. 虽能必让，然后为德

《荀子 · 非十二子》中写道 ：“虽能必让，然后为德。遇君则修臣下之义，遇乡则修长幼之义，遇长则修子弟之义，遇友则修礼节辞让之义，遇贱而少者则修告导宽容之义。无不爱也，无不敬也，无与人争也，恢然如天地之苞万物，如是则贤者贵之，不肖者亲之。”意思是 ：一个人即使能干也一定要懂得谦让，这样才算有道德。面对君主就要奉行做臣子的道义，面对乡亲就要讲求长幼之间的道德标准，面对父母兄长就要遵行子弟的规矩，面对朋友就要讲求礼节谦让的行为规范，面对地位卑贱而年纪又小的人就要实行教导宽容的原则。无所不爱，无所不敬，从不与人争执，心胸宽广得就像天地包容万物那样。这样的话，贤能的人就会尊重你，不贤的人也会亲近你。这段话，可以说是儒家在待人接物方面提出的要求。它的精神实质就是谦和礼让，是儒家礼让精神在具体实践中的运用。

儒家的思想就是以仁为准则，以礼为道德规范，然后在此基础上构建一个和谐有序的社会。怎么实现社会和谐有序呢？儒家想到了礼，认为通过礼来规范人的行为，把人的行为纳入一种可控范围内，最终形成一种自觉意识。所以，儒家推出的礼，是人与人交往过程中的一种伦理秩序。让，就是礼这种伦理秩序中的一种行为表现，体现了儒家的一种为人处世的态度。怎样做到让呢？儒家对此有明确的要求。

《礼记 · 表记》中记载有孔子说过的话 ：“恭近礼，俭近仁，信近情，敬让以行。”这话表明了人们在具体实践中对“让”应取的态度。首先是要有“敬”之心。《礼记 · 曲礼上》中写道 ：“毋不敬，俨若思，安定辞。”意思是 ：一个人，心中时刻都要有个“敬”字，外表要端庄，像是若有所思的样子，说话要态度安详、句句在理。所以，儒家的“让”在具体的行为当中处处都体现着“敬”的态度。

《礼记·曲礼上》中写到：“长者问，不辞让而对，非礼也。”意思是：遇到长者问话时，首先要做到谦让一番，说些诸如自己德行不够、与长者说话降低了长老身份之类的话。如果不先“谦虚”一番而有问就直接回答，那就是“非礼也”——不合礼。这其中的谦让，按儒家的要求，必是首先于内心中有“敬”的成分。

《礼记·聘义》中，通过使者出访，对敬让这种行为礼仪有具体描述。国君准备派遣使者出使交好国。在出使前，使者让一同出使的人拿着介一溜儿排开，一个挨着一个地站着，然后才传达国君的命令。这样做是用来表示君子对于出使国的高度尊敬，不敢有所简慢。这时，使者要辞让三次，然后才传达国君的问候。接着，使者要谦让三次才随着国君派的人进入庙门。进门之后，主君又互行三次揖礼才来到堂阶跟前。升堂之前，彼此又互相谦让三次，然后才由主君率先登阶，使者接着登阶。这其中的礼仪都是表示尊敬谦让的。使者到达出使国国境时，出使国主君派士将使者迎入境内；当使者来至近郊，主君又派大夫前去慰劳。使者来至主国庙门之外，主君亲自拜迎于庙门之内，然后在庙中接受使者转达他们国君派其来访之意。使者献上带来的礼物，主君面朝北拜谢厚赐，拜谢使者国君派遣使者光临。这些都是表示主君对使者和他们国君尊敬谦让的行为。尊敬谦让，这是君子之间互相交往应有的态度。如果诸侯之间互相尊敬谦让，就不会互相侵略欺凌。

儒家的让，还体现着尊重的意思。《礼记·曲礼下》中写到：“君使士射，不能，则辞以疾，言曰：某有负薪之忧。”意思是：国君要让某个士人射箭，如果这个士人不会射，不能说不会，而是要以自己有疾病来推辞，告诉国君说我有背负柴薪落下的伤病，所以射不了箭。为什么不直接说出自己不会射箭呢？如果说了，在儒家看来，就无异于说国君没眼光，连一个人不会射箭都看不出。这对国君来说是一种耻辱，既丢面子，又伤自尊。所以，换一种委婉的说法，把国君置于始终无过错的位置，既保全了别人，也成全了自己。这种委婉，目的是尊重他人，而实质上就是一种谦让的精神。

儒家的让，体现着仁爱的思想。孔子在《礼记·表记》中说过：恭敬接近于礼，谦逊接近于仁，诚信接近于人情。如果能以恭敬谦让的态度做人行事，即便有什么过失，也不会是什么大的过失。做到恭敬就会少犯过失，近乎人情就会让人信赖，为人谦逊就容易被人接受。孔子认为，仁有大小、长短、多少之分，这些皆体现在爱人上。懂得礼让的人，往往都是具有仁爱之心的人。

儒家的让，是一种美德。孔子在《论语·泰伯篇》中说："泰伯，其可谓至德也已矣，三以天下让，民无得而称焉。"意思是：泰伯可以说是品德最高尚的人，多次把王位让给季历，老百姓都找不到合适的词句来称赞他。在《论语·里仁》中孔子说："能以礼让为国乎，何有？不能以礼让为国，如礼何？"意思是：国君能够用礼让原则治理国家，那还有什么困难呢？不能用礼让原则来治理国家，怎么能实行礼呢？儒家推崇以德治国，而一个人即使再有才能，如果没有品德，那么，他也不能胜任管理国家的使命。礼让，体现着尊贤让能的可贵精神，这自然就是一种美德。

所以，儒家的让所反映的是儒家的一种立世价值观：人不能为了个人的私利而去冒犯他人、去竞争掠夺，而应该在一种平和状态下通过互相之间礼貌性的交往获得各自的需要。它包含着对他人的仁爱和尊重，也包含着对自己的自我克制。儒家认为，让是一种高尚的道德行为，也是君子所应当具备的道德品质。在利益面前，要做到孔子所说的"君子无所争"（《论语·八佾》）。在儒家看来，在利益面前的"不争"，就是宽宏大度、主动谦让。另外，"君子喻于义，小人喻于利"，而让是君子和小人的重要区别。

不过，在儒家的伦理思想中，让，并不是不分是非善恶的、无原则的回避和退让，而是以礼相让。君子在大是大非面前，是不能忍让的。对于违反礼义的行为，不但不能让，还要坚决地反对。这也就是孔子所说的“当仁，不让于师”。

从处理人际关系的角度来看，儒家的让有着积极的现实意义。当人与人之间因为利益而产生纠纷时，如果靠争斗来一决高下的话，那么除了导致人际关系的紧张外，还会给人的精神和肉体带来伤害。如果双方都能本着退一步海阔天空的礼让原则来处理问题，那么，必定会减少摩擦，熄灭纷争，而且既能实现团结和睦、融洽相处，也能为今后的某种需要走到一起，从而实现合作共赢打下互信的基础。

6. 谦，德之柄也；让，礼之主也

儒家提出了德治天下的主张，并寄希望于通过礼这种形式，让它在天下得到实行。道德本是一种内在的行为规范，也可以说是一个人处世所遵从的一种价值标准。儒家推崇道德修身的目的不仅是为了让人的品德提升，而是要让这种品德能够服务于政治，从而实现社会的太平安宁。所以，这种品德首先体现在处理人际和对外关系上。儒家认为，这个时候，应该遵从的行为规范是“谦”，礼仪形式是“让”。孔子为此分别在《易传·系辞传下》第七章中写道：“谦，德之柄也。”在《左传·襄公十三年》中写道：“让，礼之主也。”

什么是谦呢？《易传·系辞传下》第七章中写道：“谦，尊而光。”意思是：谦虚待人，就能得到他人的敬仰，德业自然更加尊贵而光明。在《易传·彖传上·谦》中写道：“天道亏盈而益谦，地道变盈而流谦，鬼神害盈而福谦，人道恶盈而好谦。谦尊而光，卑而不可逾，君子之终也。”意思是：天道亏损盈满者，补益谦虚者；地道变易盈满者，充实谦虚者；鬼神祸害自满而有益于谦虚；人道厌恶自满而喜欢谦虚。谦虚待人，就能让自己因受到他人的敬仰而变得光明高大，即使是处在卑下的地位也是旁人不可逾越的。这就是君子德性修养的终极目标。儒家认为，谦虚是一种美德，以它来处理人事关系，就会让自己受益；反之，就会让自己蒙受损失。《尚书·大禹谟》上就有这方面的事例说明。

舜于正月初一让禹摄政，并对禹说：现在只有三苗不遵从我们的教令，你去征伐他们。禹于是会集人马，举行出征誓师动员：这无知盲动的三苗，执迷不悟，傲慢自大，违反正道，败坏常德。致使君子被遗弃在野，而小人却窃居高位，把人民抛弃不顾。因此，上天降灾于他们。我今天是用你们之力，奉天命去讨罚他们的罪。你们当须齐心合力，才能成就功勋。

誓师后，禹就率军开赴战场。然而，战事进行了三十天，苗民仍然负隅顽抗，不肯听命。伯益就向禹建议道：只有道德的力量才能感动天地，再远的地方也能达到。自满招致损失，谦虚使人受益，这就是天道……禹接受了他的这个建议，立即停战，整队班师而归。从此，舜也接受了伯益和禹的建议，大布文德，在朝堂两阶之间举行大规模的舞蹈，人们举着战争中用的盾牌和雉尾，载歌载舞，表示偃武修文。七十天之后，就有苗民自动前来归附。

这个事例中，伯益将禹不能取胜的原因归于自满，总认为自己无往不胜。而真正的取胜之道并不在武力征服上，而在人心的征服上。怎样征服人心呢？靠谦虚的美德。禹接受伯益的建议后，大布文德，结果七十天后，不战就屈人之兵，敌方主动前来归附。这个事例说明，谦虚的美德，在整个儒家道德体系中就如同器具的把柄，一旦在手，就能得心顺手地操控全局。

接下来要明了什么是让。在儒家思想体系中，让是礼的一种表现形式。在儒家倡导的五伦人际关系中，它是一种应尽的行为义务。比方说，位卑者与位尊者在一起时，位卑者必须处处成全位尊者，不得冒犯；而位尊者也可以对位卑者做些礼仪形式上的举动，表明自己是个遵照礼仪行事的人。所以，儒家所倡导的让，是人们在言辞表达或社会交往的过程中，成全他人优先地位的一种礼仪。这就是礼让。孔子把礼让当作一项治国的原则。他在《论语·里仁篇》中说："能以礼让为国乎，何有？不能以礼让为国，如礼何？"意思是：能够用礼让原则来治理国家，那还有什么困难呢？不能用礼让原则来治理国家，怎么能实行礼呢？不能用礼让来治理国家，也就不能推行礼了。所以，他才说道："让，礼之主也。"

《左传·襄公十三年》中谈道："世之治也，君子尚能而让其下，小人农力以事其上，是以上下有礼，而谗慝黜远，由不争也，谓之懿德。及其乱也，君子称其功以加小人，小人伐其技以冯君子，是以上下无礼，乱虐并生，由争善也，谓之昏德。国家之敝，恒必由之。"意思是：当时世太平的时候，君子崇尚贤能而对下属礼让，小人努力侍奉他的上司，因此上下有礼而奸邪被废黜远离，这是由于不争夺的缘故，这叫作美德。到天下动乱的时候，君子夸耀他的功劳以凌驾于小人之上，小人夸耀他的技能以凌驾于君子之上，因此上下无礼，动乱和残暴一起发生，这是由于争相自以为是。这叫作昏德。国家的败坏，常常是由于这样而来。这段话通过现实说教，表明礼让的重要性。

那么，谦与让是什么关系呢？其实，通过上面的描述就可以知道，谦，是一种态度；让，是一种行为。通过谦的态度来完成让的行为，这就是儒家所推崇的谦让。在儒家的礼制中，可以说在方方面面都体现着谦让的要求。比方说，《礼记·曲礼》中就做出这样的规定：如果在当行的路前放有先生的书册琴瑟，就要跪下来把它们移开，千万不可从上面跨越过去；客人的马车不可驶入主人的大门，这是表示谦虚；出使他国的大夫、士进见主国国君，国君如果亲加慰劳，大夫、士要闪身躲避，并再拜叩头。国君如果在门外迎而拜之，大夫、士也要闪身躲避，表示不敢接受其拜。

儒家寄希望于以礼来维护人伦秩序，规范和巩固社会秩序。在具体实践中，他们想到了用谦让来作为调和剂，从而让礼的行为不至于变味走样。在现实中，有时尽管针对国家和社会的治理确实有许多行之有效的方法，但在具体实行过程中，总会不尽如人意。比方说，为体现仁慈之心，向社会公众施舍食物。如果在施舍过程中，没有一个好的态度，往往就会事与愿违。“嗟来之食”这个典故可谓家喻户晓。平心而论，那个施舍的主人黔敖，他还真有些悲天悯人的情怀，相比那些为富不仁、一毛不拔的显贵来说，他施舍的举动确实称得上仁义之举。那么，他的举动为什么还是遭到了路人的拒绝呢？问题就出在他的态度上。他高喊：“嗟，来食！”带给别人的感受就是一种侮辱。常言道：“士可杀，不可辱。”一个有气节的人，是不会为口中食而折腰的。一个再真诚的用意、再仁慈的举动，如果不以一种良好的态度去施行，往往就会适得其反。这也就是俗话说的“良言一句三冬暖，恶语伤人六月寒”。

同理，儒家推崇的礼让行为，如果仅作为一种行为的话，往往就会流于一种形式。比方说，一个国家的掌国器者的礼让行为如果只是从私心出发的话，那么，他带给人的结局必定是人心溃散，最终有可能招致内乱。所以，儒家在强调礼让的同时，更要求有好的态度，并且，这种态度不应该是出于应付，而是出于内心品德的自然流露。这就是儒家推崇的知行合一与为人处世表里如一的原则。如何做到这一点呢？那就是让谦虚主导行为，让礼让变为谦让。

所以，儒家所倡导的谦让，是一种建立在美德之上的行为。他们认为，把这种行为打造成社会公共生活中一种行之有效且普遍遵守的礼仪规范，就能营造和谐融洽的人际关系，维护社会秩序，从而实现天下太平。

第七章 智

“思知人，不可以不知天”的天人合一思想

在《中庸》中，孔子强调君子修身的过程中要修智。他说：“故君子，不可以不修身。思修身，不可以不事亲。思事亲，不可以不知人。思知人，不可以不知天。”这种智，从修身起，首先理顺君臣、父子、夫妻、兄弟以及朋友这五种人际关系。在此基础上，再去进行社会交往。通过社会交往，也就能够洞察天道了。也就是说，儒家所说的智，其最高境界是能通达天道。

很明显，儒家所说的智，奉行的是知人与求是的理性原则。作为儒家政治理想中的国家管理者，其自身的条件首先是一位智者。能够“明是非，辨善恶；知当务，识时势”。他们自身道德修养完美，非常睿智，能够洞悉和运用道德规范的力量去教化和引导别人。

怎样才能成为智者呢？这就要靠不断学习。好学、乐思、勤问、笃行，通过学习与实践，吸纳各种学识，造就不惑心灵。在学习方式上，讲究灵活多样。“三人行，必有吾师焉”，让师者诲人不倦，让学者学而不厌。如此教学相长，敏而好学，不耻下问，就能够开阔眼界，增长学识，从而鉴往知来，促进品德的提升。

1. 智者不惑，识时达务

什么是智者？智者既可以理解为拥有渊博的学识和广泛的阅历，并能够将它们融会贯通的人，也可以理解为能够学以致用，具备处世立世技能的人。这样的人，显然都拥有一个智慧的头脑。所以孔子在《论语·子罕》中说“智者不惑”。只不过，与一般意义上的理解不同，孔子所说的智者，并非单纯从智慧的角度提出的，而是从他的儒学政治主张的高度提出来的。他眼里的智者，是一个建立在道德认知之上，且以服务于政治为目的的知行合一的人。所以，自先秦时起，儒家就把“智者不惑”尊崇为君子的三大德行之一。

孔子在《中庸》中提出了君臣、父子、夫妻、兄弟以及朋友这五种人际关系。如何调节这些人际关系呢？他提出君子要靠智、仁、勇这三种通行天下的品德处理人际关系。那要怎样实行呢？他说：“或生而知之；或学而知之；或困而知之；及其知之，一也。”意思是：有的人生来就知道它们，有的人通过学习才知道它们，有的人要遇到困难后才知道它们，但只要他们最终都知道了，也就是一样的了。也就是说，包括智在内的这三种道德，并不全是先天性的，后天通过学习和接受教育也能够具备。只要具备了它们，就能够调节这五种人际关系了。

《孟子·离娄章句下》中写道：“所恶于智者，为其凿也。如智者若禹之行水也，则无恶于智矣。禹之行水也，行其所无事也。如智者亦行其所无事，则智亦大矣。”意思是：人们之所以说厌恶有智谋的人，是因为这些人往往过于切磋琢磨。如果有智谋的人能像大禹治水那样，人们就不会厌恶他们的智谋了。大禹之治水，是顺其水性的自然而没有硬去多事。如果有智谋的人也是顺其人性的自然没有硬去多事，那这个智也就是大智。这段话中明确地告诉人们，儒家所说的智，核心并不是指人们掌握自然科学知识的程度，而是指运用这些知识去指导社会行为，处理人际关系。对一般的人来说，智必须服从于德，这是成就个人德行的手段。在具体实践中，起码体现在以下几个方面。

首先，明是非，辨善恶。

人都是生活在物质世界，并且依赖物质来满足生存的。出于生理和精神两方面的需要，人总是会向物质世界伸出索取的手。通常情况下，人不能独立生存，必须通过相互合作、相互利用才能实现各自的目的。这一过程中，人就会出于个人的私心，产生各种各样的欲求。这时，人际关系也就变得错综复杂起来。尤其是当私心膨胀时，往往会造成剧烈的利益冲突。为此，为规范人们的行为，人类所形成的各种群体中都会产生一些条条框框。但是，一个明确的事实是，如何识别他人的言行是否合乎规则，并不是一件易事。也许正是这个原因，孔子才将识别的能力——智，摆在了重要的位置。

《礼记·曲礼上》中写道："夫礼者，所以定亲疏，决嫌疑，别同异，明是非也。"这句话可进一步理解，儒家的智是服务于德行的，是用来熟悉和推行儒家所制定的各种伦理规范的。这样，就能明察儒家的伦理规范在具体实践中的运用、实行的是非对错。

《荀子·性恶》中写道："今人之性，生而有好利焉，顺是，故争夺生而辞让亡焉；生而有疾恶焉，顺是，故残贼生而忠信亡焉；生而有耳目之欲，有好声色焉，顺是，故淫乱生而礼义文理亡焉。"意思是：人的本性从一生下来就有贪图私利之心，因循着这种本性，人与人之间就会发生争夺，也就会不再讲求谦让；人一生下来就有好忌妒仇恨的心理，因循着这种本性，就会发生残害忠厚善良的事情，这样忠诚信实就丧失了；人生来就有爱好声色的本能，喜欢听好听的，喜欢看好看的，因循着这种本性，就会发生淫乱的事情，礼仪制度和道德规范就都丧失了。显然，这段话是建立在人性本恶的基础上的。

在《尚书·大禹谟》中有这样一句话："人心惟危，道心惟微，惟精惟一，允执厥中。"意思是：人心是危险难安的，道心却微妙难明。唯有精心体察，专心守住，才能坚持走一条不偏不倚的正确路线。这句话在讲述人心不可捉摸的同时，指出了一条辨别善恶的途径——行走天道，天道护佑走正道和善道的人。怎样才能遵循天道呢？这就把智上升为君子那样的一种品德，即智德。通过智德，就能辨别善恶美丑。

其次，知当务，识时势。

说到这一点，相信对儒家有所了解的人都会嗤之以鼻，因为一个明显的事实是，儒家学说的创建者和传承人，明显一个个都不知当务，不识时势。为什么这么说呢？谁都知道，儒学诞生于礼乐崩坏、诸侯争霸、时局动荡、民不聊生的春秋时期。当时，有本事的人基本上都是游说各国，趋炎附势，以投好于各诸侯国来换取功名。反观孔子他们，却一直说什么克己复礼，恢复周室的统治秩序，以此来安定天下，真真是不合时宜。当时的实务是吞并杀伐，孔子却提和平仁爱。真正是明知不可为而为之，迂腐可笑。那么，这样理解对不对呢？

显然是不对的。因为儒家学说恰恰是建立在知当务、识时势的基础上的。在儒家的眼里，"当务"就是要构建道德规范，恢复正常秩序；"时势"就是要让民安居乐业，实现天下太平。所以，他们的眼光高屋建瓴，他们的胸襟博大宽广。对此，岂能以小人之心度君子之腹！那么，怎样才能做到这些呢？孔子及他的传承人提出了仁政，以德为规范，以礼为形式的一整套治理国家的理论和具有可行性的操作措施。这其中，所需要的就是人的智识。

《荀子·性恶》中写道："从人之性，顺人之情，必出于争夺，合于犯分乱理，而归于暴。故必将有师法之化，礼义之道，然后出于辞让，合于文理，而归于治。"意思是：放纵人的本性，顺着人的情欲，就一定会发生争夺，就会违反等级名分、扰乱礼仪制度的事，从而引起暴乱。所以，一定要有师长和法制的教化、礼义的引导，这样才能确立合乎等级制度的正常秩序，实现社会的稳定。荀子的这番话，可以理解为从预防人性走向贪婪的角度，阐述通过教化和礼仪的方式，来实现社会稳定的重要性。从他的这些话中，可以十分清楚地看出，他的儒学观点是建立在对现实非常熟知的基础上的。这种熟知，恰恰反映了他们"知当务，识时势"。其中，也体现了将智服务于德的思想。

孔子还说过："智者乐水。"这其中的水，显然不能简单地理解为游山玩水，实质上还是体现了一种心性。换句话说就是，大凡智慧的人，他们所尊崇的都是顺应事物各自的天然本性去教化、引导别人的行为，而不是依靠外在的强制力。究其实质，就是依靠道德的力量，让别人由被动转为主动、自觉地去展开合乎道德规范的礼仪行为。

所以，在儒家看来，只有洞悉和能够运用道德规范的力量去教化和引导别人的人，才能称为智者。也只有这样的人，才能洞察万象，识时达务，因自身道德修养的完满而变得格外睿智，这样在现实生活中，也就没有什么可疑惑的了。

2. 学而不思则罔，思而不学则殆

儒家格外注重学习，并且非常强调将学习和思考结合在一起。孔子在《论语·为政篇》中说："学而不思则罔，思而不学则殆。"意思是：学习过程中不思考就会不理解学习的内容，只是思考却不学习就会停滞不前。对于孔子的这句话，我们首先可以将其理解为一种学习方法。

人们常说，读书可以死读书，但不可以读死书。为什么这么说呢？这是因为：死读书，指的是一种读书态度，往往指的是一个人酷爱读书，通过读书来增长学识；而读死书则指的是不知变通地读书，机械地接受书中的内容，不能学以致用。时间稍长，就会应验孔子的“学而不思则罔”。

我们常听到这样一句话：“小和尚念经，有口无心。”为什么这样说呢？熟悉佛教的人都知道，佛教徒修行的目的是求得权智，也就是无所不知。在此之前，他要修得实智——无知。什么叫无知？就是将外界的任何事物都从内心剔除，让内心一无所挂。怎么做呢？就是让佛教徒“一门深入，长时薰修”。在学经时，让和尚们每天就念一部经，天天念，念到他内心当中一个妄念都没有。这就求得了实智。至于说和尚念的那部经里所要表达的意思是什么，那无关紧要，他不需要懂。重要的是心无妄念。这样念个三四年后，佛教认为，这时清静心就会出现。再继续念个三四年，就肯定能够开悟。一开悟，他就连所有的佛经都明白了。这时，他一通百通，什么东西都会了，都不需要学了。那么，作为佛堂之外的人，也能以这样的方式读书吗？

不管佛教徒的方法可行不可行，谁都可以看出，他们熟悉经书的过程得七八年时间。作为现实中的人，读书的目的不是为了求得什么正果，希图来世能够步入天堂，而是为了愉悦身心，陶冶情操，然后利用学到的知识改造自然，服务社会。这七八年时间如果光读书，不思考，不说能学到什么知识，起码对人的身心成长就是一种摧残和伤害。所以，读书除了带有致用的目的外，还具有陶冶身心的作用。这读书就不能成为“为读而读”的一种应付。如果一味地读书而不思考，就不能理解书本的内容；不理解书本的内容，就不能学以致用，一到要用时就会陷入手足无措之中。

同时，学习还是一个循序渐进的过程，不能一口吃成个胖子。这就要求做到：在学习的时候要勤于思考，在思考的过程中要继续学习、不断学习。勤于思考，不等于陷入空想中，而是要建立在一定认知的基础上。孔子在《论语·卫灵公》中说：“吾尝终日不食，终夜不寝，以思，无益，不如学也。”意思是：我曾经整天不吃饭，彻夜不睡觉，去左思右想，结果没有什么好处，还不如去学习为好。孔子的这种表示，显然是一种明智之举。为什么呢？因为书本上的知识终归还是从实践中来。人常说实践出真知。由于人的阅历、学识和看待问题的角度不同，就会对书本上的知识存在隔阂，表现为不理解。这时，正确的做法就是继续学习，以新的知识来扩充自己，然后举一反三，这样先前的那些疑问往往就会迎刃而解。

那么，该持怎样的求学态度呢？儒家给出的一个答案是勤奋。在勤奋前要有一个端正的心态。这种心态就是实事求是，用孔子的话来说就是：“知之为知之，不知为不知。”另外，就是不耻下问。用《论语·泰伯篇》中曾子的话说就是：“以能问于不能，以多问于寡；有若无，实若虚。”意思是：自己有才能，仍能向没有才能的人请教；自己知识多，仍能向知识少的人请教；有学问却像没学问一样；知识很充实，但不卖弄，给人的感觉跟不充实一样。在端正态度后，还要培养好学的兴趣。读书有时也是一项非常清苦的事情，所以需要有毅力，能耐得住清贫，抵得住各种诱惑。孔子在《论语·学而篇》中这样告诫他的弟子：“君子食无求饱，居无求安，敏于事而慎于言，就有道而正焉。可谓好学也已。”意思是：君子，饮食不求饱足，居住不要求舒适，对工作勤劳敏捷，说话却小心谨慎，到有道的人那里去匡正自己，这样就是好学。世上事向来缺少捷径，求学同样如此。孔子之所以取得那么大的成就，就同他的好学分不开。《论语·述而篇》中就记述了这样一个事例——叶公向子路打听孔子是个什么样的人，子路不答。孔子（对子路）说：“你为什么不这样说：他这个人，发愤用功，连吃饭都忘了，快乐得把一切忧虑都忘了，连自己快要老了都不知道，如此而已。”这个事例说明孔子在学习方面以身作则，同时，也能看出他对待学习的态度——他把学习当作一种快乐，而不是为读书而读书。

另外，学习要有耐心，要做到持之以恒。学习过程中总会出现各种困难，有时穷尽自己的心思也思考不出答案来。这时，意志的考验就来了。要说有什么解决方法，那就是以顽强的毅力克服困难，坚持不懈。这样坚持着，往往在不知不觉间问题就迎刃而解。《荀子·劝学》中写道："故不积跬步，无以至千里；不积小流，无以成江海。骐骥一跃，不能十步；驽马十驾，功在不舍。锲而舍之，朽木不折；锲而不舍，金石可镂。"意思是：所以不一步一步地积累，就无法达到千里之外的地方；不汇集众多的小溪流，就不能形成江海。骏马的一跳，不能超过十步；劣马跑十天也可以达到千里。因此，成功就在于不停地向前走。用刀子刻东西，如果半途放弃，即使是腐烂的木头也不能刻断；如果持之以恒，坚持不懈，就连金属和石头都能雕空。这段话，所说的就是持之以恒的道理。《孟子·奕秋》中也从反面道出了持之以恒的重要性。"虽有天下易生之物也，一日暴之，十日寒之，未有能生者也。"意思是：即使天下有最容易生长的东西，如果晒它一天，冻它十天，也就没有能生长的了。坚持，是走向成功的关键。

儒家针对学习方法，强调不拘一格，博采众长。孔子在《论语·述而》中说道："三人行，必有吾师焉。择其善者而从之。"另外，在学习时要专心致志。《荀子·大略》中就提出："多知而无亲，博学而无方，好多而无定者，君子不与。"意思是：知道得很多而没有什么特别的爱好，学习得很广而没有主攻方向，喜欢学得很多而没有一个确定目标的人，君子不和他结交。

人的智识通常都是从后天学习中得来的。通过阅读、研究、观察、实践和接受他人的传授指导等手段获得知识或技能，既是改造自然、服务社会的必要过程，也是提升个人立世素质的最佳手段。在学习过程中，对新问题不断展开思考，就能释疑答惑，了解事物的本来面目。世上的事并不总是一成不变的，而是时刻处于变化之中的，这就要求人们做到边思考边学习。唯有这样，个人的学识和素养才能不断提升。

3. 博学而笃志，切问而近思

儒家特别推崇追求智慧、崇尚价值、执着信念的理智型生活方式，在谈文、论艺、述道时，强调要博采精华，兼收并蓄，融会贯通，让广博的知识成为一个人必备的素质。具体该怎样做才能达到这一步呢？《论语·子张篇》中给出了一个为世人所公认的标准答案：“博学而笃志，切问而近思，仁在其中矣。”意思是：博览群书广泛学习，而且能坚守自己的志向，恳切地提问，多考虑当前的事，仁德就在其中了。这句话，既可理解为儒家为达成仁德的修身目标而推崇的一种学习方法，也可理解为一种良好的求知态度。对此可从以下几个方面进行解读。

《论语·子罕篇》中，通过颜渊之口道出了孔子的做法：“夫子循循然善诱人，博我以文，约我以礼，欲罢不能。”意思是：老师善于一步一步地诱导我，用各种典籍来丰富我的知识，又用各种礼节来约束我的言行，使我想停止学习都不可能。从中可以明显地看出，孔子的教学方法效果显著。那么，要学习哪些方面的知识呢？《论语·雍也篇》中孔子指出了学习的一个范围：“君子博学于文。”意思是：君子广泛地学习古代的文化典籍。这其中的“文”，都是前人或他人的研究成果或经验总结，通过多学，就能博采众长，将别人的经验转化为自身的学识和技能。

孔子还推荐弟子们学习《诗经》。《论语·阳货篇》中有这方面的记述：“小子何莫学夫《诗》？《诗》可以兴，可以观，可以群，可以怨。迩之事父，远之事君，多识于鸟兽草木之名。”意思是：学生们为什么不学习《诗经》呢？学习《诗经》可以激发志气，可以观察天地万物及人间的盛衰与得失，可以使人懂得合群的必要，可以使人懂得怎样去讽谏上级。近可以用来侍奉父母，远可以侍奉君主，还可以多知道一些鸟兽草木的名字。从孔子的这番话中可以看出，孔子所强调的博学内容，并不仅限于道德修身的范畴和书本知识，还包括天地万象和自然科学知识。

儒家强调博学，同时还赋予它特定的使命。《论语·子张篇》中有这样一句话："百工居肆以成其事，君子学以致其道。"意思是：各行各业的工匠住在作坊里来完成自己的工作，君子通过学习来掌握道。这句话道出了君子学习的使命所在：用来掌握处世之道，即仁义之道。如何实现仁义之道呢？那就是首先从思想上要做到坚定信念、坚守志向，即笃志。

有一句话说，"人生不怕多梦，就怕梦醒之后感到无路可走。"这句话所涉及的就是志向的坚守问题。事实上，现实世界的多姿多彩就预示着，处于其中的生命个体有众多的选择机会。但是，人的精力和生命都是极其有限的，这也就决定生命个体的选择不具有随意性。这时，志向的坚守就变得尤为重要。经验已经告诉人们，明确人生目标，坚守做人志向，对于一个人的成长和生命质量具有决定性的作用，决不可随意散漫。否则，稍不注意就会出现"一失足成千古恨，再回首已是百年身"的遗憾和哀怨的情形。并且，事实还告诉人们，古今成就大业的人，莫不是一个坚定的志向者。这种志向，就是"黄沙百战穿金甲，不破楼兰终不还"的赤忱，就是"风萧萧兮易水寒，壮士一去兮不复返"般视死如归的豪迈。

同样，儒家推崇笃志的目的，就是希望人们能付诸实践，成就梦想。《中庸》第二十章中写道："有弗行，行之弗笃，弗措也。人一能之，己百之。人十能之，己千之。"意思是:要么不实行，实行了没有成效绝不罢休。别人用一分努力就能做到的，我用一百分的努力去做；别人用十分的努力做到的，我用一千分的努力去做。这种坚定不移、持之以恒的处世态度和方式，还能被什么困难所吓倒呢？《中庸》第三十三章写道："是故君子笃恭而天下平。"意思是：君子笃志恭敬就能使天下太平。在儒家看来，如果人们都以笃志这种态度和方式来按照儒家的政治主张立身处世，那么，天下早就恢复秩序，太平无事了。

在坚定志向，朝着目标前行的过程中，必然会遇到许多疑惑之处。这时该怎么办？不用回答，谁都会说："不懂就问呗。"确实，个人的见识终归有限，人所面对的，始终是一个未知的世界。通过问询，就能少走弯路，缩短获知真相的时间。儒家就格外强调"问"，并且希望人们能做到"切问"。

儒家所要求做到的"切问"，并非散漫无羁地乱问一气，而是建立在"笃志"之上的有针对性的求问。这种求问，必须要解决实际问题。在求问的方式上，儒家则讲究不拘一格。

孔子要求做到"不耻下问"，他自己也是这么率先垂范的。《论语·八佾篇》中写道："子入太庙，每事问。"另外，他还强调多问、广问，还要求问要达到目的。《中庸》第二十章写道："有弗问，问之弗知，弗措也。"意思是：要么不问，问了没懂决不罢休。在问的同时，还要针对问题展开思考，即近思，近思己力所能及之事。

博学、笃志、切问、近思，可以说是学习过程中的四种态度和方法。在《中庸》第二十章有集中描述："博学之，审问之，慎思之，明辨之，笃行之。"意思是：广泛学习，详细询问，周密思考，明确辨别，切实实行。不能则学，学则笃志；不知则问，问则益思。这就是儒家对修身处世的实践要求。

4. 温故而知新，敦厚以崇礼

儒家培养人才的目标，在于"智"与"德"同时拥有。用今天的话来说就是德才兼备。在培养"智"的过程中，主张博采众长，学习各领域的知识；在美德修炼过程中，主张能够将它们用到生活礼仪之中。在《中庸》第二十七章，孔子还提出“温故而知新，敦厚以崇礼”的要求，希望人们能够温习已有的知识，从而获得新知识，用一种谦虚宽厚的态度去崇奉礼节。

“温故而知新”既可说是一种学习方法，也可说是一种求知手段。其中的“故”可以理解为曾经了解的或已经知悉的内容，可视作一种通过学习取得的经验之类的内容。从纯粹的学习角度来看，温故，就是回过头来对学习过的知识重新了解一遍。

从学习方法上来讲，“温故”是适应人的生理特征的。俗话说“好记性不如烂笔头”，人的大脑容量是非常有限的，不能保证谁能做到过目不忘，再怎么博闻强记的头脑，也会在时间的稀释下将过去的记忆逐渐淡化。更多的时候，大脑中的记忆一旦被遗忘，就会一去不回头。要想留住知识，让它们常驻头脑中，唯一的方法就是经常同它们“打交道”，加深印象，做到不离不弃。

从学习手段上来看，温故是提取知识处理现实问题的捷径。人们处理问题首先依赖的就是存在于头脑中的经验。通过这些经验来判断解决问题的方法。不言自明的是，一个人储存在头脑中的经验越多，他处理和解决实际问题的能力就越强。面对实际问题，如果一切重新来学习解决之道，那么费时费力不说，往往会让人为学而学，穷于应付，且不一定能得到解决的办法。而通过对已有知识的重新温习，不但能大大缩短时间，还能让各种已有经验“复活”，从而能让人举一反三、融会贯通，取得最佳的解决效果。

“新”，总是与“故”“旧”相对而言。从人们的了解程度上来看，它们都是大脑中记忆空白的内容。将“新”由未知变为已知的过程，就是将它们拿来填充大脑空白的过程。一旦它们被填充进来，它们的角色立马转换，成为“故”中的一员。

温故的“故”中，还少不了另一些内容，即历史的经验和教训。儒家学说中立世的目的是要通过礼的方式来恢复社会秩序，实现天下太平。试想，如果当时的社会秩序稳定，天下太平，还需要儒家的这些说教吗？显然没那个必要。“以史为镜，可以知兴替。”孔子为了推行他的仁政思想和德礼的手段，周游列国，结果四处碰壁。为什么呢？当时的各诸侯国只把眼光落到眼前，从不会回过头去看一看。这样的现实，作为一种精神的创立者和传播者，能不为之感到痛心吗？还有就是学术层面上的现实，即一些学者完全把学问与历史割裂开来，不从历史中吸取教训。这样钻研学问，也就会因为没有比较而与现实脱节，往往沦为空谈。孔子在《论语·述而篇》中就谈到了自己的体会：“述而不作，信而好古，窃比于我老彭。”意思是：只阐述而不创作，相信且喜好古代的东西，我私下把自己比作“老彭”。在这一章中，他还说道：“我非生而知之者，好古，敏以求之者也。”意思是：我不是生来就有知识的人，而是爱好古代的东西，勤奋敏捷地去求得知识的人。孔子的这些话，间接表达了他非常重视历史知识，并且能从中汲取营养。

儒家所倡导的博学也好，求知也好，其不变的立足点都是落在道德礼仪上。也就是说，儒家启明人心志的目的，在于让人具有美德，进而依靠道德的力量并通过礼这种形式来规范人的行为。这也就是孔子提出“敦厚以崇礼”的动机所在。

《论语·阳货篇》中道出了孔子的一个观点：“唯上知与下愚不移。”意思是：只有上等的智者与下等的愚者改变不了。其实，上等的智者一点就通，也就不需要再进行道德和礼的说教；而下等的愚者因为精神失常，不能恢复，也就没必要进行道德和礼的说教。这可说是从人的生理上证明儒家学说的可行性。儒家希望在这方面要达到怎样一个目标呢？从道德层面上，就是要把人塑造成品格谦虚宽厚，即敦厚的人；从礼的接受程度上来看，就是要让人们由被动变为主动，将礼付诸实践当中。那要怎么进行教育呢？

《论语·雍也篇》中孔子说道："中人以上，可以语上也；中人以下，不可以语上也。"意思是：具有中等以上才智的人，可以给他讲授高深的学问；在中等水平以下的人，不可以给他讲高深的学问。这也颇有点因人而异、因材施教的意味。至于说教的内容，单是礼教的内容就够学上好一阵的。不妨举《礼记·曲礼》中的一些内容做说明：

为人臣之礼，在规劝国君过失时，要讲究方式、场合，不可损其威严，如果多次规劝而国君仍不醒悟，臣子就可以离开他。做儿子的侍奉父亲，父亲有了过失，做儿子的多次规劝也不听，就应继之以号泣，希望感动父亲，使他知悟而改。国君生病吃药，臣子要先尝。父亲生病吃药，儿子要先尝。不是世代相传的医生，由于其医术不精，所以不服其药……

道德和礼仪从学习中而来，要学习的内容丰富庞杂，可供学习的方法多种多样。孔子给出了"敦厚以崇礼"的方法，用意显然不是为了让人们来谋取私利的。在《论语·里仁篇》中他说道："君子喻于义，小人喻于利。"意思是：君子明白大义，小人只知道小利。他把求取利归于小人的行为，显然表明他所推崇的学习不是用来攫取利益的手段。

5. 学而不厌，诲人不倦

孔子以博学著称，所以他开办私学时，引得了许多学子纷纷投于其门下。到后来，竟然有弟子三千的庞大规模。这自然为他赢得了巨大的声誉。据《孟氏春秋·纪·孟夏纪》上记载，有一次，孔子的弟子子贡问他：后世将用什么样的评价来称道您呢？孔子说：我哪里有什么值得称道的呢！如果一定要说有的话，那就是喜好学习而不满足，勤于教诲而不疲倦，大概仅此而已！儒家以谦虚为美德。孔子的这番话，既身为表率地践行了谦虚的美德，又道出了为人师者的一种极高的素质要求。

在《论语·述而篇》中，孔子同样道出了为人师者必须具备"学而不厌，诲人不倦"的优秀品质。以职业的眼光来看，孔子首先是一名教师。中国人最强调教师的榜样作用，期望他们能够时时以身作则。那么，在教与学方面，该怎样摆正态度呢？《礼记·学记》上有非常准确的说法："虽有佳肴，弗食不知其旨也；虽有至道，弗学不知其善也。是故学然后知不足，教，然后知困。知不足，然后能自反也；知困，然后能自强也。故曰：教学相长也。"意思是：虽然有美味佳肴，不吃就不知道它的味美；虽然有最好的道理，不学习就不知道它的好处。所以深入学习之后才知道自己德行不足，教书育人之后才知道自己学识不通达。知道自己德行不足，然后才能自我反省；知道自己学识不通达，然后才能自我奋勉。所以说，教与学是相互促进的。

教与学相互促进，人的素质自然就会跟着提高。按照儒家的观点，学是智，诲是仁。从这点来看，"学而不厌"和"诲人不倦"，首先所体现的是儒家要求学者与师者这两种具有师承关系的人所必须具备的两种品质。儒家把智和仁当作一个人将来治国平天下时不可缺少的基本素质。从现实层面来看，面对纷繁复杂的社会，要想常葆思想的活力，每个人都必须活到老，学到老。

对师者而言，韩愈在《师说》中道出了师者的作用："师者，所以传道受业解惑者也。"老师是传播道理、讲授技能和解释疑难问题的人。如果抱守陈规，不思获取新的知识来充实自己的话，那么，他实际上也就失去了教师的资格。从做人的角度来看，老师无疑具有巨大的榜样力量。对学生而言，一个博学且对知识永不满足的老师，更是具有打动人心的人格魅力。这样的老师，不用苦口婆心，就能具有积极的引导作用。这也就是常言说的身教重于言教。所以，对于老师来说，教书育人，首先就应该从自我做起，严格要求自己，不断学习，努力获取新知，切实提高自己的业务水平，树立终身教育的思想。这方面，孔子为后世树立了良好的榜样。在成为私学老师之前，他就十分热爱学习，“吾十有五而志于学”。开创私学后，他在身为人师之后，更是谦虚好学，不以人师自居。他“敏而好学，不耻下问”，不计身份地位，向任何比自己有见识的人学习。他说：“三人行，必有吾师焉。”在他的眼里，老师是个相对的称谓。看似平凡的人，也会有过人之处，值得向他学习。到了晚年，他更是不顾年老体衰，“发愤忘食，乐以忘忧，不知老之将至”，给后人整理出了“六经”。他以自己的实际行动，为自己赢得了“万世师表”的无上荣誉。

知识的无穷尽注定了学者求知的无穷尽。这就要求他们必须树立终身学习的思想。“玉不琢，不成器；人不学，不知道。”知，然后才能行；行，然后知不足；有不足，就得继续求知。所以说，每个人都必须端正态度，把追求知识当作终生事业，永不满足，永不停息。在《孟氏春秋·纪·孟夏纪》中，写出了古人对学习的要求：“学习，一定务求增进学业，这样心中就没有疑惑。要努力诵习，小心等候机会聆听教诲，看到老师欢悦的时候，请教书中的意旨，要顺适老师的耳目，不违背老师的心意，回来认真思考，探求老师所说的道理，而且要时时研讨分析，以求阐明老师所阐明的道理，不苟且巧辩，一定要合乎法度，有所得不要自夸，有所失不要惭愧，一定要回到自己的本性上来。这种要求，尽管体现了尊卑的关系，但是，如果以这种要求去学习，一定会达到求学的目的。

儒家格外强调学习，把学习当作各种品德的基础。在《论语·阳货篇》中，孔子说:“好仁不好学，其蔽也愚;好知不好学，其蔽也荡……”意思是:爱好仁德而不爱好学习，它的弊病是受人愚弄；爱好智慧而不爱好学习，它的弊病是行为放荡。只有奉行终身学习的态度，才能把自己永远置于智者的位置上，不惑于世。那么，该怎样学习呢？儒家要求能够做到，把学习当作一种心性追求。这样，就会把学习当作一项乐趣。

在《论语·雍也篇》中，孔子提出：“知之者不如好之者，好之者不如乐之者。”意思是：懂得怎么学习的人，不如爱好学习的人；爱好学习的人，又不如以学习为乐的人。在这里，孔子提出了把学习当作一种乐趣的观点。他本人也是这么践行的。他在齐国听《韶》乐时，就有过“三月不知肉味”的全身心投入，并发出了“不图为乐之至于斯也”的感慨。

其实，学习也是生活当中的一个过程，把学习当作一项乐趣，实质上所寻求的就是生活中的乐趣。有了乐趣，才会有动力，才会让人积极主动地坚持学习，不把学习当作一项机械性的任务。从这点来说，孔子的这种快乐学习的观点，对现代社会仍具有积极的意义。

在极力强调学习的同时，儒家还要求做到知无不言，言无不尽。对于师者而言，他应该毫不保留地把自己的知识传授给求知的人，并把这当作一种良好的品德。孔子就具有这样的心胸。当有弟子表示对他传授知识时有“隐其学”的怀疑时，他坦荡地说:“二三子以为我有隐乎？吾无隐乎尔，吾无行而不与二三子者，是丘也。”意思是：一些学生以为我对你们有什么隐瞒吗？我是丝毫没有隐瞒的。我没有什么事不是和你们一起干的。我孔丘就是这样的人。孔子把自己的知识毫不保留地都传授给了弟子，这也是他为后人敬仰的一个原因。

在传授知识时，儒家还非常在意教学的态度，要求师者同不厌学习的精神一样，能够有不知疲倦的精神。《朱子语类·卷五十四》中写道：“故圣贤教人，必以穷理为先，而力行以终之。”意思是：古代的圣贤教育人，首先所教的必是穷尽事物的原理，然后长期不停地教育下去。

根据儒家的观点，求知者终身学习，传教者力行不辍，教学相长，通过这样的学习，就能不断获得新的知识来解决现实中的各种疑惑。这样的人，才能成为真正的、不惑的智者。也只有这样的人，才能学以致用，更好地投身于治国平天下的事业。“学而不厌，诲人不倦”，在今天仍然是值得大力提倡的一种学与教的精神。

6. 不患人之不己知，患其不能也

在社会上，往往会出现这种现象：人人都满足于自己的智慧而不满足于自己的地位、财富和声誉。正是缘于人的自满和对物欲的贪婪，这世上也就多了尔虞我诈、我钩心斗角以至于战斗纷争。对儒家而言，这种现象显然是与他们的道德主张背道而驰的，同时也说明了他们修身主张之所以能够存在的必要性。如何对待这种现象，使每个人安守本分、各归其位，就是儒家对待人生境遇时需要思考的问题。

在《论语·宪问篇》中，孔子指出了正确的对待方式："不患人之不己知，患其不能也。"意思是：不担心别人不知道自己，只担心自己没有本事。孔子把解决问题的方式归到自身的原因，这与他一以贯之的道德修身的主张相一致。他所要表明的就是"知人者智，自知者明"。从修身的要求来看，这句话既道明了儒家对物质欲望和精神欲望的态度，也表明了对自身知行的要求。

人活世上，名和利往往是一对形影不离的孪生兄弟，并且出于人的本性，它们对谁都极具诱惑力。但现实是，名和利终归是件稀罕物，不是人人想有就有的。这时，是压抑人的本性而置身名利场外呢，还是听任本性支配去做不懈的追逐呢？对于名，孔子在《易·系辞下》中给出的答案是："善不积，不足以成名。"对于利，孔子给出的答案是："君子爱财，取之有道。"在《论语·里仁篇》中孔子说："富与贵，是人之所欲也，不以其道得之，不处也；贫与贱，是人之所恶也，不以其道得之，不去也。君子去仁，恶乎成名？君子无终食之间违仁，造次必于是，颠沛必于是。"意思是：有钱有地位，这是人人都向往的，但如果不是用"道"的方式得来，君子是不接受的；贫穷低贱，这是人人都厌恶的，但如果不是用"道"的方式摆脱，是摆脱不了的。君子离开仁义，难道还能以恶立名？所以，君子任何时候，哪怕是在一盏茶、一炷香的短暂时间里也不离开"道"。

按照孔子的观点，"率性之谓道"。也就是说，"道"是出于人的天性而采取的行事方式，而儒家通过修身形成的仁德义举才能使人从罪恶的习性中脱离出来，返回正道。人一旦修成正道，就成了有才有德的君子。这时，他们做人做事的动机就不是为了讨好别人，其目的更不是为了显耀自己。因而，当面对别人的诋毁也好，赞誉也好，全都泰然处之。在《论语》开篇中，孔子就谈到了这个问题。他说："人不知而不愠。"意思是：别人不理解你，自己并不会因此而生气。当自己不被人理解，甚至蒙受冤屈的时候，不要动不动就发怒，而应该唤醒内心中的善良，以责人之心责己，反省自己是否平日里有失当的言行，这样才能做到平心静气，减少纷争。在《论语》第一章最后，孔子更进一步说道："不患人之不己知，患不知人也。"意思是：不要怕别人不理解你，怕的是你不理解别人。别人不了解我，我还是原来的那个我；我不去了解别人，就有可能给别人带来伤害。从别人的角度看问题，就能看得更全面。这是一种宽容的表现，是一种建立在仁德之上的真正的智。在《论语·卫灵公篇》中，孔子说："君子病无能焉，不病人之不己知也。"意思是：君子忧虑自己本身的能力不足，而不担心别人不了解自己。这里面说的都是同样的意思。

法国大文豪雨果说过："世界上最宽阔的是海洋，比海洋更宽阔的是天空，比天空更宽广的是人的心灵。"这种心灵，以儒家的眼光来看，就是"仁"。仁的核心是爱人，是建立在德和智之上的爱人。当人具备了这种智仁的时候，就会以宽恕的心态来对待别人。如果一个人做不到这一点，也就表明他的才德修养不够。

在生活中，并不是谁都具有这样的胸襟，并以这样的胸襟去思考问题。这也就让人经常能听到抱怨和指责声。按照儒家的观点，生活中实在没必要为别人不理解自己而大吐苦水。你之所以会做一些不愿意做的工作，之所以干得一样多而拿得却比别人少，并不是别人存心为难你，而你应该从自身找原因：因为你的才德修养不如别人。在《论语·里仁篇》中，孔子很有针对性地说道："不患无位，患所以立；不患莫己知，求为可知也。"意思是：不要担心没有官位，而要担心有没有胜任官位的才能；不要担心别人不了解自己，而要努力地设法使自己值得他人了解。并且，在《论语·里仁篇》中，孔子还针对君子提出了指导性建议："君子欲讷于言，而敏于行。"这句话可从多个角度来解释：从做事上来说，旁观者清，少说多做可以积累更多的经验。从做人上来说，少说话，体现着对人的一种尊重；从道德上来说，把表现口才的机会留给别人，实是一种成人之美。

在现实生活中，不求他人理解自己，对儒家来说，恰是一种获取才智的手段。《荀子·儒效篇》中写道："君子之所谓知者，非能遍知人之所知之谓也。"意思是：君子所说的明智，并不是完全能知道别人所知道的一切。也就是说，人生有涯，而知识无涯。一个人有限的精力不可能穷尽天下万事万物，对于事物的本来面目，只能以不变应万变——以谦虚的态度随时学习，以良好的美德随时宽人律己。社会中的人原本是各自独立的，每个人的见识和修养也是参差不齐的。尺有所短，寸有所长。如果不以狭隘的眼光去苛求别人的理解，甚或放下身价去虚心学习，那么，从平凡中学得真知灼见，从普通中见识崇高。所以，《荀子·儒效篇》中还有这样的话："志忍私，然后能公；行忍情性，然后能修；知而好问，然后能才。"意思是：思想上摒弃私心，然后才能公正；用行动战胜情欲，然后才能品德高尚；有智慧而又虚心好学，然后才能有才智。学习到才智后，也就能够治国平天下了。

所以，在儒家的思想中，别人了解不了解自己无所谓，重要的是自己要努力充实自己的才智。怎样充实自己呢？《荀子·儒效篇》中又说道："不闻不若闻之，闻之不若见之，见之不若知之，知之不若行之。学至于行之而止矣。”意思是：不听不如听到，听到不如亲眼看到，看到不如知道，知道不如亲自实践。做到知行合一就达到极致了。做到这一步，君子即使没有官位也高贵，没有俸禄也富有，不用说话也能取信于人，不用发怒也有威严，处境穷困依然荣耀，处境孤独仍然快乐。尊贵的名声不用靠拉帮结派的方式去争夺，不用靠自我吹嘘去占有，也不用靠权势地位的威胁去获得，必定要靠真正刻苦学习。才能得到。如果一心一意去争夺，名声反而会失掉；如果加强自身修养，反而会得到。遵循正确的原则行事就能保持尊贵的名声，虚夸欺诈作用相反。所以，君子致力于自己内在的思想修养，在行为上要礼让，通过自身美德的积聚，高贵的名声就会像日月那样显明，天下的人就会响应他。即使是隐居了，也同样如此。

把自己培养成才智之人，这是儒家倡导的治国平天下的君子所必须具备的条件。人的才智从实践中来，从学习中来。“埋头苦干是第一，熟能生出百巧来。勤能补拙是良训，一分辛苦一分才。”道理就这么简单。通过实践，把自己塑造成知行合一的人，自己的才能自然而然就能被别人了解。从哲学角度上来看，内因决定外因，只有内心强大，才是真正的强大。对待权位、财富和声誉，固然有着人的本性上的需求，但通过道德修炼，完全可以做到置之度外。做到这一步，人与人之间的冲突、纷争也就彻底消失了。这样的社会，就成了理想中的太平盛世。

第八章

温

“在明明德，在亲民”的大学之道

儒家所倡导的是一种积极入世的思想。人的本性是充满欲求的。有些欲求是为了满足个人自身发育成长和生存的需要，如每日身上的衣裳和口中的食物。而有些欲求，比如说美色、权位，并非谁想得到就能得到。如果一味顺着人的本性去索取，那么，势必会让天下成为纷争、打斗的乱场。怎样避免这些情形呢？儒家主张，让当权者推行仁政就能实现社会有序、天下太平。在推行方式上，主张自上而下，认为只要当权者和执政者能够修身养性、培育仁德，通过上行下效这种方式，整个国家和社会就会顺应天道而得到治理。在推行手段上，他们主张以义为导、重义轻利。人生有贫穷、有显达。儒家认为，人生不管处于什么情况下，都不能失义和离道，而要时刻做到善待自己、善待他人和善待社会。

1. 穷则独善其身，达则兼济天下

向往富贵之心可谓人皆有之，它是人性中的一种近乎本能的诉求。可是，富贵之人在社会中却只占少数。这也就意味着，对于芸芸众生来说，毕其一生都只能沦为富贵的看客。对此，该怎么对待呢？

在《孟子·尽心上》第九节中给出了这样的回答："穷则独善其身，达则兼善天下。"（后人将其中的"兼善"改为"兼济"，但意思未变）意思是：穷困时独自善待自身，发达时兼顾善待天下万民。在《论语·泰伯篇》中，孔子也有过类似的表述："笃信好学，守死善道。危邦不入，乱邦不居。天下有道则见，无道则隐。"意思是：坚定信念并努力学习，誓死守卫并完善治国与为人的大道；不进入政局不稳的国家，不居住在动乱的国家；天下有道就出来实现自己的政治抱负，天下无道就隐居不出。这些话，代表了儒家建立在道德原则之上的一种处世态度。

孟子同宋勾践交谈时说道："你不是喜欢游说宣扬吗？那我告诉你怎样通过游说来宣扬自己的主张吧。有人理解你，你就表现出理直气壮的样子；有人不理解你，你也表现出理直气壮的样子。"宋勾践说："怎样才能做到理直气壮呢？"孟子说："尊崇道德，喜爱正义，就可以做到。这样士人穷困时就不会失去义，显达时则不背离道。穷困时不失去义，士人就不失去本性；显达时不背离道，老百姓就不会对其失望。"古代的人，得志时，恩惠施于百姓；不得志时，修养自身以显现于世。穷困时独自善待自身，显达时兼顾善待天下百姓。

由此可以看出儒家建立在道德原则之上的义利观。人的一生中，会处于各种状况之中，而其中处于两极状态的无非是富贵显达和贫穷落魄。这些时候，往往是最能考验一个人品德的时候。

在贫穷落魄时，该怎么做呢？儒家分层次给出了答案。对于士人这个阶层，希望他们能够做到心怀正义。何为义？《中庸》第二十章中说：“义者，宜也，尊贤为大。”也就是说，义指的是做适宜做的事，以尊重贤能为大义。对待君子阶层，儒家希望他们能够做到“慎独”。

当处于富贵显达时又该怎么做呢？这时，首先要做到不离“道”。什么是道？《中庸》中指出：“率性之谓道。”也就是说，由人的本性来决定的行为方式就是道。儒家之道，包括天道和人道，对人来说，其最高境界就是天人合一。对于士人，《孟子·尽心上》中的回答是：“尚志。”在《论语·里仁篇》中，孔子说：“士志于道。”也就是说，要求他们能做到“志于道”。对于君子，《论语·泰伯篇》中曾子给的回答是：“君子所贵乎道者三：动容貌，斯远暴慢矣；正颜色，斯近信矣；出辞气，斯远鄙倍矣。”意思是：君子所应当重视的道有三个方面：使自己的容貌庄重严肃，这样可以避免粗暴、放肆；使自己的脸色一本正经，这样就接近于诚信；使自己说话的言辞和语气谨慎小心，这样就可以避免粗野和卑鄙。其次就是兼善天下。这是儒家政治理想的最高表现，也是儒家道德修身所要达到的目的所在。

儒家对“穷”“达”这两种人生状况的态度，实质上是他们的义利观在道德价值上的反映。那么，儒家有着怎样的义利观呢？在儒家的思想中，义往往是和利相对而说的。在《论语·里仁篇》中，孔子就说过：“君子喻于义，小人喻于利。”这句话体现了孔子对待义与利的态度。《孟子·告子上》中说道：“生，亦我所欲也；义，亦我所欲也，二者不可得兼，舍生而取义者也。”这种话明显道出了儒家的义利观。在生命和义二者不能同时得到的情况下，宁可舍弃生命，也不能放弃义。既然连生命都能舍弃，那么，身外之物的钱财又算得了什么！用孔子在《论语·述而篇》中的话来说就是：“不义而富且贵，于我如浮云。”所以，儒家的义利观就是重义轻利。那么，既然孔子说富贵如浮云，是不是表明儒家漠视对物质财富的向往和追求呢？

或者说，儒家所推崇的是过清教徒那样以追求精神的快乐为最大快乐、对物质享受予以否定的生活呢？显然不是。

孔子认为追求富贵是人的本性。在《论语·里仁篇》中他说："富与贵，人之所欲也。"同时，他还认为君主所要做的就是把提高人民的生活水平放在首位。在《论语·泰伯篇》中他说："邦有道，贫且贱焉，耻也。"当一个国家政通人和，这时如果人还过着贫贱的生活，是个人的耻辱。孟子也提出了让民有恒产，通过民富而实现国富兵强的主张。所以，儒家不是不重视物质财富和个人生活享受，而是反对通过无道无义的方式来获得物质财富与个人生活享受。

另外，"穷则独善其身，达则兼济天下"，还体现了儒家实现自我价值的一种取舍方法——先实现个人的生存和发展，再实现个人献身于社会的价值。也就是说，当一个人命运不济时，他不应该怨天尤人，更不应该自暴自弃，而是要学会善待自己。尽管富贵在天，但事在人为。这时，要学会充实自己，加强道德修养，努力改正自身的缺点，克服不足。这样以不变应万变，一旦时机成熟，就可以应时而出，实现自己的人生价值。当一个人时运两济、事业大展、飞黄腾达时，就应该想到为天下百姓造福，而不要贪图个人安逸与享受，动不动就去豪赌一番，挥金如土，过着花天酒地、纸醉金迷的生活，更不能为富不仁、横行霸道、肆无忌惮，把自己的幸福建立在别人的痛苦之上。

所以，"穷则独善其身，达则兼济天下"所体现的是儒家所寻求的积极对待人生境遇的入世思想。人的一生总会有起起落落，处逆境时，不要消极避世，把一切都看得悲观失望，而应该洁身自好，正己修德，不突破自己为人的道德底线，为今后的奋起打基础，做准备；富贵时，不要沾沾自喜，而要心怀天下，以爱己之心爱人，把天下的幸福当作自己的人生抱负。这种思想，是符合人的本性的。因而，它能得到天下有志之士的响应并历久不衰，也就在情理之中了。

2. 国不以利为利，以义为利

儒家的义利观是建立在道德原则之上的重义轻利思想。不但对于个人，上升到国家高度也是如此。为此，他们提出了“国不以利为利，以义为利”的主张。怎么来理解这个主张呢？在《大学》最后一章中，针对当时的社会现状给出了形象的解释。

对待财富，仁爱的人会仗义疏财以修养自身的德行，不仁的人会不惜以生命为代价去敛钱发财。怎样改变不仁的人的行为呢？一个明显的事实是，从来都是上梁不正下梁歪，没有在上位的人喜爱仁德，而在下位的人却不喜爱忠义的；也没有因为好义而做事半途而废的。孟献子说：养了四匹马拉车的士大夫之家，就不需再去养鸡养猪；祭祀用冰的卿大夫之家，就不要再去养牛养羊；拥有一百辆兵车的诸侯之家，就不要去收养搜刮民财的家臣。与其有搜刮民财的家臣，不如有盗用东西的家臣。这就是“国不以利为利，以义为利”，即一个国家不应该以财货为利，而应该以仁义为利。

很明显，上面的解释所针对的对象是身居高位、手握国器的君主和为国行权的人。所要引出的是这些当权者和执政者该如何正确对待财富的问题。如何对待财富呢？首先是生财。生产财富的人多，财富增长得快。消耗财富的人少，财富减少得慢，这样财富就可以永远充足。要做到这些，就必须有正确的财富观。在儒家看来，修德修身是本，生财积富是末。仁者求得财富是用来帮助修身的。只有不仁者才认为修身就是为了生财，为了财富可以不择手段。但是，不仁者违背了生财大道，他们即便获得财富也必不能长久。只有修身修出仁德之后，在执政行权过程中，才会出现令人欣喜的现象：君主有仁德，大臣就会有信义。大臣有信义，办事的执行力就强，就一定会把事情办得圆满妥帖。所以，君主只要仁德圣明，大臣们就一定会把府库的财富管理好。这样，君主就能轻松地支配国家的财富。这也是儒家对以德治国主张的展望和要求。

儒家的最高政治理想是通过仁政来实现社会有序，天下太平的。在推行方式上，他们主张自上而下，认为只要当权者和执政者能够积极修身、培育仁德，那么通过上行下效，整个国家和社会就会顺应天道而得到治理。在推行手段上，他们主张以义为导，重义轻利。在他们看来，从来没有上级有仁德而下级没有信义的，并且有信义的人做事向来都是有始有终的。如果人们重义轻利的话，那么这个社会就会成为一个普遍具有道德素养的和谐社会。反之，就会出现一个秩序混乱、邪恶残暴的社会。为此，《孟子·梁惠王章句上》中有这样的说法："以义治国，何必言利？"

以义治国，这是儒家对当权者和执政者的要求，并且，儒家对人类好利的本性有着清醒的认识。《荀子·非相》中这样写道："饥而欲食，寒而欲暖，劳而欲息，好利而恶害，是人之所生而有也，是无待而然者也，是禹桀之所同也。"意思是：饿了就想吃饭，冷了就想取暖，累了就想休息，喜欢得利而厌恶受害，这是人生来就有的本性，是无须依靠学习就会这样的，是禹与桀所相同的。《荀子·王霸》中同样写道："夫人之情，目欲綦色，耳欲綦声，口欲綦味，鼻欲綦臭，心欲綦佚。——此五綦者，人情之所必不免也。"意思是：从人的本性上来说，眼睛想看最美丽的颜色，耳朵想听最美妙的音乐，嘴巴想尝最美好的味道，鼻子想闻最香的气味，心里想得到最大的安逸。这五种欲望，是人的本性，是不可避免的。在儒家的其他学说中也有这样的描述，比如在《论语·里仁篇》中孔子就有"放于利而行，多怨"的感叹。在此不一一列举。那么，针对人的这些本性，该怎么应对呢？

《荀子·大略》中给出的说法是："'义'与'利'者，人之所两有也。

虽尧舜不能去民之欲利，然而能使其欲利不克其好义也；虽桀纣不能去民之好义，然而能使其好义不胜其欲利也。故义胜利者为治世，利克义者为乱世。上重义则义克利，上重利则利克义。"意思是：讲求道义和私利，是人性固有的成分。即使是尧舜这样的贤君也不能除去民众追求私利的欲望，但是他们对私利的追求敌不过他们对道义的爱好；即使是夏桀、商纣这样的暴君也不能去掉民众对道义的爱好，但是他们对道义的爱好敌不过他们对私利的追求。所以，道义胜过私利的就是和谐的社会，私利胜过道义的就是混乱的社会。君主看重道义，道义就会胜过私利；君主推崇私利，私利就会胜过道义。这段话，道出了人的私欲是可以得到抑制的，应对的武器就是重义轻利。

《荀子·王霸》中就写出了重义轻利对于国家的重要作用："国者，巨用之则大，小用之则小；綦大而王，綦小而亡，小巨分流者存。巨用之者，先义而后利，安不恤亲疏，不恤贵贱，唯诚能之求，夫是之谓巨用之。小用之者，先利而后义，安不恤是非，不治曲直，唯便僻亲比己者之用，夫是之谓小用之。"意思是：国家，在大的方面利用它，它就强大；在小的方面利用它，它就弱小。强大到极点，就可称王天下，弱小到了极点，就会灭亡，介于这两者之间，就能保有国家。在大的方面利用它，就是先讲正义，再讲利益，既不论亲疏，也不顾贵贱，只是为了求取真正的才能之士，这就是在大的方面利用。在小的方面利用，就是先讲利益，后讲正义，不论是非曲直，只知任用阿谀逢迎的人。

儒家的重义轻利思想所针对的是生活中的方方面面。比如在《论语·雍也篇》中，孔子就称赞颜回："贤哉，回也！一箪食，一瓢饮，在陋巷，人不堪其忧，回也不改其乐。"其中体现的就是一种轻利的态度，追求的是道德上的幸福感。对于国家来说，儒家把实现国家安定的希望寄托在那些当权者和执政者身上，希望他们也具有这种心态，把人性的追求建立在仁德之上。这样通过他们的率先垂范，社会风气就会好转，国家就会实现民富兵强。在《荀子·大略》中，他们给出的理由是："上好义，则民暗饰矣！上好富，则民死利矣！二者治乱之衢也。"意思是：君主爱好义，民众就暗自振作，端正自己的言行；君主爱好财富，民众就为利而死；这两点，是治和乱的分水岭。《荀子·王霸》中进一步阐明了这种观点："用国者，得百姓之力者富，得百姓之死者强，得百姓之誉者荣——三得者具而天下归之，三得者亡而天下去之；天下归之之谓王，天下去之之谓亡。"意思是：君主治理国家，能得到百姓尽力效劳的，国家就富有；能得到百姓为他效死力的，国家就强盛；能得到百姓称颂的，自身就荣耀。具备了以上三个条件，天下人就会归顺他；失去了这三个条件，天下人就会背离他。天下人都归顺他，他就是王者；而天下人都背离他，他就会灭亡。

"先义而后利者荣，先利而后义者辱。"儒家把当权者和执政者德治天下的手段归为义行天下，并提出重义轻利的义利观。这种义利观把国家富强、社会安定的希望寄托在以君主为首的当权者身上，明显是人治思想的体现，具有时代的局限性。不过，儒家的义利观自形成到今天，还是有很多合理因素的。它们对于改善和调整人际关系、克服拜金主义、引导社会风气趋向良好、促进各阶层和谐融洽仍具有积极的作用。

3. 欲正其心者，先诚其意

儒学，被人称作济世之学、入世之道。它所提出的各种政治思想和主张，根基都是建立在个人良好的品质之上的。良好的品德，当然要靠修身而来。在修身之前，要做的一项准备工作就是正心。

儒家所谓的"心"，首先指的是人的本性。它是人的固有成分。从道德层面上来说，人的本性是善恶俱存的。遇善则善，遇恶则恶，善与恶紧密相连、相互制约。在《论语·阳货篇》中，孔子就指出了人性的这一特点："性相近也，习相远也。"意思是：人的本性是相近的，由于后天的习染不同才相互有了差别。这话也说出了人的本性是可以得到改变，能够自我完善、自我实现的。正是出于这一点，儒家才把"正心"作为修身的前奏。

人的心性反映在人的意念上，通过言行表现出来。所以，从立世角度来看，人的心性中含有安身立命的智慧成分。比如说识文阅字的能力、制造器具的技术等。儒家所要正心的目的不在这些方面，而在于社会交往当中所遵循的人与人相处的行为规范。通俗地说，就是对待与自身相关的利益时应该保持的做人准则。

人的本性是充满欲求的，而有些欲求是为了满足人自身发育成长和生存所必需的。如每日身上的衣裳和口中的食物。但有些欲求，比如美色、权位，并非谁想得到就能得到的。如果一味顺着人的本性去索取，势必会让天下成为纷争、打斗的乱场。孔子就是生于这样一个乱世大环境下。在他看来，天下的纷争、打斗，都是出于人的欲求过度造成的结果。那如何消除人性中的贪婪成分呢？孔子认为，最好的解决办法就是让人们的心性中树立起道德意识，依靠道德的力量，让人自觉地约束自己的行为。如果再加之以礼的行为规范，那么天下的秩序就可得到恢复，社会也就会安宁。这也可以说是他的"以礼规范行为、以德治天下"的政治思想的出发点和由来。从这点来看，儒家所谓的正心，不是让人的心性中泯灭对物欲的正当需求。孔子在《论语·阳货篇》中说："饱食终日，无所用心，难矣哉！不有博弈者乎？为之，犹贤乎已。"意思是：整天吃饱了饭，什么心思也不用，真是太难了！不是还有下棋的游戏吗？做这些事，也比闲着好。这表明儒家的正心，不是如同佛家的修行那样，要磨灭人性中的一切欲望，让人对尘世的欲望归于四大皆空，而是建立在正常的人性需求之上的。

《孟子·万章句上》第一节中写道："天下之士悦之，人之所欲也，而不足以解忧；好色，人之所欲，妻帝之二女，而不足以解忧；富，人之所欲，富有天下，而不足以解忧；贵，人之所欲，贵为天子，而不足以解忧。人悦之、好色、富贵，无足以解忧者，惟顺于父母，可以解忧。”意思是：被天下的读书人所喜欢，是每个人的欲望，而不能解开舜的忧愁；喜欢美貌的女子，也是每个人的欲望，娶了帝尧的两个女儿，还是不能解开舜的忧愁；富裕，也是每个人的欲望，拥有整个天下，依旧不能解开舜的忧愁；尊贵，也是每个人的欲望，身为天子那样的尊贵，还不能解开舜的忧愁。被人喜爱、喜好美色、富裕且尊贵，没有一样能解除舜的忧愁，唯有让父母顺心才能解忧。这段话写出了人性中固有的诸多成分，如欲人悦之、好色、富贵等。如何对待这些欲念，这就得靠思维去认知、分析、判断并最终做出选择。以儒家的思维对此进行思考，要想正当处理这些欲念而不带来烦恼，最佳的办法就是孝顺父母。

正心的关键在“正”。在儒家看来，“正”就是“心”上没有邪念、没有妄念。要做到这一点，就必须让人的本性中融入“诚”的元素，最终让“诚”来主导人的一切行为。那什么是“诚”呢？

《中庸》第二十章中写道：“诚者，天之道也；诚之者，人之道也。诚者，不勉而中，不思而得，从容中道，圣人也；诚之者，择善而固执之者也。”意思是：真诚是上天奉行的原则，追求真诚是做人的原则；天生真诚的人，不用勉强就能做到，不用思考就能拥有，自然而然地符合上天的原则，这样的人是圣人；诚，就是选择善作为人性中固有的成分并固守不改变的一种信念。这段话除了给出诚的含义外，还由此可看出诚在儒家心目中所占的地位非常崇高，是贯穿儒家修身全过程的主要因素。儒家把诚当作其天人合一理念的核心元素。通过诚，就能由常人修身到君子；到达至诚后，君子也就成为圣人了；到了圣人阶段，也就实现了天人合一。这时，圣人所行之道，就是天道。

所以，儒家诚意的过程，就是将善重新融入心性，并恢复人清净本性的过程。一旦人恢复这样心性，在面对物欲时，就不再有非分之想、贪图之念。这时，他的行事方式和处世态度就会通融包涵，与人相处和交往时就因为没了贪念、妄想，而收获心灵上的安宁。这时，他的心自然而然也就"正"了。

4. 多闻慎言，多见慎行

人的欲望无止境，而这其中自然也包含着积极进取的正当追求。可是，现实中往往会出现这样一种情况：不论自己怎么发愤图强，怎么上下求索，怎么坦然面对各种挫折，始终不能把握住自己的制胜点，以致人生之路越走越窄。对待这种情况，当事人该持怎样的态度呢？是大发雷霆、怨天尤人，还是默默无语、徒然悲伤，抑或是愤世嫉俗、甘于沉沦呢？

在《论语·里仁篇》中，孔子说过这样的话："不患无位，患所以立。"意思是：不怕没有自己立世的位置，就怕没有自己赖以站得住脚的东西。我们知道，中国是一个官本位根深蒂固的国家，人生追求事业的终极目标就是做官。所以，孔子这番话放在时代的背景下来理解，指的就是怎样获取官位。《论语·为政篇》中记述了子张向孔子求教怎样获取官位一事。孔子当时回答说："多闻阙疑，慎言其余，则寡尤；多见阙殆，慎行其余，则寡悔。言寡尤，行寡悔，禄在其中矣。"意思是：要多听，有怀疑的地方先放在一旁不说，其余有把握的，也要谨慎地说出来，这样就可以少犯错误；要多看，有怀疑的地方先放在一旁不做，其余有把握的，也要谨慎地去做，这样就能减少后悔。说话少过失，做事少后悔，官职俸禄就在这里。

我们可抛开求官问题，单纯从立世的角度来吸取孔子这番话中的精髓，从而来解决人生谋业之惑，让自己真正“立”起来。从这番话中，我们首先吸取的精髓是：多闻。

唐太宗有一次问魏徵：君主怎样叫明辨是非，怎样叫昏庸糊涂？魏徵回答：广泛地听取意见就是明辨是非，偏信某个人就是昏庸糊涂。从前帝尧明晰地向下面民众了解情况，所以三苗作恶之事及时掌握。帝舜耳听四面，眼观八方，故共、鲧、驩都不能蒙蔽他。秦二世偏信赵高，在望夷宫被赵高所杀；梁武帝偏信朱异，在台城被软禁饿死；隋炀帝偏信虞世基，死于扬州的彭城阁兵变。所以人君广泛听取意见，则贵族大臣不敢蒙蔽，以致下情得以上达。魏徵的回答，可说是通过摆事实、讲道理来说明多听的好处。所以，一个人要想成就一番事业，首先就得有成就事业的良好心态。在处理问题时，广泛地听取多方面的意见，就能判断出事情真伪，从而做出合理的应对之策。如果只听信一方面的意见，往往就会以偏概全，做出错误的决策。

在多闻时，还要做到慎言。慎言是儒家道德行为规范中的一项重要内容，君子一言，驷马难追。在《论语·子路篇》中，孔子就谈到了“一言可以兴邦”“一言可以丧邦”的问题，指出了慎言的重要性。在《论语·宪问篇》中，孔子指出：“君子耻其言而过其行。”意思是：君子认为说得多而做得少是可耻的。在该篇中，他又说：“其言之不怍，则为之也难。”意思是：说话如果大言不惭，那么实现这些话就是很困难的。慎言，是儒家所倡导的人际交往当中必须遵循的行为规范，是道德修身在行为上的反映。那么，怎样做到慎言呢？《论语·子路篇》中这样说道：“故君子名之必可言也，言之必可行也。君子于其言，无所苟而已矣。”意思是：所以，君子一定要定下一个名分，必须能够说得明白，而且说出来一定要行得通。君子对于自己的言行，是从不马马虎虎对待的。这番话就是说：说话要对事不对人，有依据，能够表达清楚自己的用意，并且能行得通。而这样说话，就是慎言。

再就是要做到多见。见多自然识广。儒家对人格修身的要求中，格外强调个人的知识素养的提高。这里的知识，不仅是书本上的理论知识，还包括社会交往中明是非、辨善恶的察别能力。《论语·述而篇》中，孔子说道：“多见而识之，知之次也。”意思是：多见，将见到的记在心里，这是次等重要的智慧。头等重要的智慧，则是儒家推崇的道德修养。道德修养是为立世服务的，而立世当中，对现实的认知就成了处理社会问题的先决条件。但品德修养再怎么高的人，如果不具备必要的认知能力而孤陋寡闻的话，他是不可能胜任治国平天下的事务的。只有多见，才能提升自己的判断力，知道什么是仁、什么是义，知道自己的行动方向。同时，多见还是提高自身素质的一种有效手段，能让人做到：“见贤思齐焉，见不贤而内自省也。”(《论语·里仁篇》)。并且，儒家所提倡的多见，并不局限于人际交往和处理社会问题方面，而是涵盖自然界和人类社会的方方面面。比如孔子在《论语·阳货篇》中就要求“多识于鸟兽草木之名”。

在多见的同时，要做到慎行。行动达不到预期的目标，就得反省问题所在。智者千虑，必有一失，采取行动时一定要谨慎。人的行为能够决定事业的成败，而在社会交往中，人的行为也影响着外人对他的态度。《论语·公冶长篇》中，孔子就针对宰予这个人的表现，给出了这样的评价：“朽木不可雕也，粪土之墙不可圬也，于予与何诛？”意思是：腐朽的木头无法雕刻，粪土垒的墙壁无法粉刷。对于宰予这个人，责备还有什么用呢？孔子本来对宰予是十分看好的，没想到大白天到了上课的时候，宰予居然还在睡觉，而这就引得孔子将他与朽木、粪土联系在一起。并且，孔子随后对他的态度发生了改变：“始吾于人也，听其言而信其行；今吾于人也，听其言而观其行。于予与改是。”意思是：起初我对于人，是听了他说的话便相信了他的行为；现在我对于人，是听了他讲的话还要观察他的行为；在宰予这里我改变了观察人的方法。孔子被后人称为万事师表，对于学生睡觉的行为都表现出了无法接受，那么，对于生活中并没有孔子这般道德修养的人来说，他们对待别人的不慎行为，容忍度自然就更低了。这样一来，任何不慎的举止都会影响当事人的前途与命运。

“多闻慎言，多见慎行，行顾言，言顾行，知行合一”，这就是儒家立世的指导思想。一个人追求学问、培养才能的过程是永无止境的。在这一过程中，首先所要做的就是修炼自身的道德，然后在这个基础上同社会广泛接触和交往，多闻多见，虚心求知，培养自己足以胜任的各方面业务素质。这样，就能以不变应万变，能够坦然面对现实中的各种逆境，并且能从容应对。这时，他就不会怨天尤人、徒然悲伤或甘于沉沦，并且会惊喜地发现，上帝在为他关闭一扇门的同时，也会为他打开一扇窗，从而懂得人生处处不乏精彩。到这时，也就能逐渐朝着实现儒家所谓的立德、立功、立业、立言的目标发展了。

5. 质胜文则野，文胜质则史

在《论语·雍也篇》中孔子说：“质胜文则野，文胜质则史。文质彬彬，然后君子。”意思是：质朴多于文采，就像个乡下人，流于粗俗；文采多于质朴，就会像宗庙里的祝官或者衙门里的文书员，注重繁文缛节而不切实际，虚伪浮夸。只有质朴和文采配合恰当，才能成为君子。很明显，这句话是从人的内在品质和外在表现所应持的尺度来说的。

可以说，人与人交往最难把握的就是尺度。性情过于直率就显得粗鲁，礼仪过于恭敬就显得虚浮，只有恰当的性情与礼仪，才是合乎行为规范的。儒家认为，能做到这一点的人，就能成为君子。

从儒家修养的角度来看，这里的“质”指的是建立在道德基础上的人的才识。这种才识不是理论性质的，而是拿出来就能使用的真才实学。什么样的学问才叫真才实学？不妨举一个现代的例子。有一个工厂的一台设备坏了，厂里谁也找不到毛病所在。无奈之下，只好花一万元高价请外面的一位工程师前来调试。工程师来到设备边，只稍微调试了一下，就用笔在设备的一个地方画了一个圈，吩咐厂内的工人道：“毛病就在这儿，打开后，你们就能修好。”工人们照他的话去做，果然很快把设备修好了。工程师得到了 1 万元钱。当时，在场的一个人很不服气，不满地对工程师说：“你来后，就只画了个圈，啥也没干，设备是我们修好的，凭什么就要一万元钱？”工程师优雅地笑道：“画那个圈只配得一元钱，而知道那个圈在哪里画，配得九千九百九十九元。”听了工程师的话，在场的人都心服口服。显然，工程师知道在哪个地方画圈，就是真才实学。

再看这里的“文”。它指的是建立在道德基础之上的人的举止。这种举止不是身体体质的反映，而是遵从礼仪规范的行为表现。什么是文？在《论语·公冶长篇》中，子贡问孔子：“为什么给孔文子一个‘文’的谥号呢？”孔子回答：“敏而好学，不耻下问，是以谓之文也。”意思是：（孔文子）聪敏勤勉而好学，不以向他地位卑下的人请教为耻，所以给他谥号叫“文”。从孔子的这个回答中可知，“文”指的就是“敏而好学，不耻下问”。

从立世的角度来看，儒家所推崇的道德学问，都不是仅用来当作人的一种气质的，最终目的也不是用来让人修身养性的，而是要服务于政治的。这其中最关键的就是要学会人际交往，从而更好地处理各种政务。这其中的“质”就体现为实际的才干，即处理实务的能力；这其中的“文”就是处理政务过程中所持的态度，即实际交往中所持的礼仪。一个很明显的事实是，一个有实际才干的人，如果不能把握处世的分寸，包括言语礼仪，往往就会授人以恃才傲物或恃才放旷的口柄。同样，一个特别注重礼仪的人，如果不能做得恰到好处，也会被人看作轻浮、虚伪和做作而受到轻视。所以，“质”和“文”所体现的是儒家对现实生活的人的行为礼仪的要求，它们是同一行为主体所表现出的两个方面。那么，该怎样把握这个分寸呢?

在《论语·尧曰篇》中，孔子要求君子做到“泰而不骄，威而不猛”。在《论语·学而篇》中，孔子赞同“贫而无谄，富而无骄”的说法。在《论语·乡党篇》中，孔子以他本人的实际行动，向世人展示了他是如何把握礼仪的尺度的。

孔子在本乡本土时，显得十分温和恭敬，好像不会说话的样子；在朝堂上，国君还没有到来时，他同下大夫说话，显示出温和快乐的样子；同上大夫说话，显示出正直公正的样子；国君来后，他显示出恭敬而心中不安的样子，但是他的仪态显得适中……

在《礼记·曲礼》中，更是有了细致的礼仪要求。比方说，坐的样子，要像祭祀时的尸祝那样端重；立的样子，要像斋戒时的人那般恭敬。儒家对外在的行为礼仪极其看重。而“质胜于文则野，文胜质则史”，是针对有才德的人如何能正确把握自己言行的尺度来说的。这其中充分体现了儒家不偏不倚、执两用中的中庸思想。当把握好“质”与“文”的尺度的人，就可称为君子。在《礼记·缁衣》中，引用孔子的话表达了同样的观点：“君子道人以言，而禁人以行。故言必虑其所终，而行必稽其所敝，则民谨于言而慎于行。”意思是：君子用言行引导人们行善，用言行禁止人们作恶，所以讲话一定要考虑它的后果，做事一定要考察它会带来什么弊端，这样一来，老百姓就会说话谨慎、做事小心。从这个角度来看，“质胜文则野，文胜质则史”，显然针对的是品德修炼还没达到君子地步的人说的。

不但是在古代，就是在相对宽容的今天，人们在社会交往中，必要的行为礼仪还是不可缺少的。比方说，现代社交礼仪中对站姿的要求是：挺胸收腹，两肩平齐，双臂自然下垂。双腿靠拢，脚尖张开约六十度，或双脚与肩同宽。站累时，脚可后撤半步，但上体仍须保持垂直，身体重心在两腿正中，精神饱满，表情自然。对坐姿的要求是：上身自然挺直，两臂屈曲放在双膝上，或两手半握放在膝上，手心都要向下；谈话时，可以侧坐，侧坐时上体与腿同时向一侧，要把双膝靠拢，脚跟靠紧。

人们在日常工作或生活中的坐立行走，待人接物，一颦一笑，眼神脸色，往往都是心随物役的结果。这些行为如果呈现给人的是不雅的姿势，那么，轻则给人以轻视，重则有可能招致人格或人身的伤害。

所以，孔子"质胜于文则野，文胜质则史"的行为规范，对于指导当今人们的社交活动、培育人们和睦相处、融洽人际关系，从而让人们增进了解、促进沟通、扩大交流、加强互信具有很好的作用。

6. 讷于言，敏于行

任何人都少不了必要的社会交往。在这一过程中，人的言行往往就成为个人立世的标杆，以及取信于他人的凭据。言与行是人体活动的两种方式，在儒家以德治国的主张中，它们是修身的核心。道德修身是儒家对人的素质的基本要求，在此基础上，以德来约束和引导人的行为。对于修成具有仁德的君子来说，儒家对他们有着更高的要求。针对他们的言行，孔子在《论语·里仁篇》中说："君子欲讷于言，而敏于行。"怎样来理解这句话呢？

首先来谈一下其中的"言"。言，在日常生活中指的就是语言表达。它包括书面和口头两种表现形式。语言表达往往与一个人的天赋有一定的关系，但更多的还是与一个人后天形成的自身修养和知识积累有关。因而在社会交往中，它往往就成为人的一项基本技能。一个能说会道的人，凭着三寸不烂之舌，在社交中总会比别人更加左右逢源。但是，语言表达也是一把双刃剑：它能让你做到通过一句话就化干戈为玉帛；也能让你仅因一句话而与人结仇，从而树敌招灾。这也可归为儒家“慎言”一语的由来。那么，在社会交往中，该怎样“言”呢?

在《论语·子路篇》中，孔子说：“名不正，则言不顺；言不顺，则事不成。”意思是：名分不正，说起话来就不顺当、不合理；说话不顺当、不合理，事情就办不成。这就是儒家从动机上对“言”的要求，即在表达时一定要有正当的理由。这是从表达的态度上来说的。不过，儒家对人的语言表达上的要求并不是针对所有人说的，而是针对以德修身的人说的。在《论语·宪问篇》中，孔子就表达了这样的观点：“有德者必有言，有言者不必有德。”意思是：有道德的人必定能说出可指导人们行为的话，而能说出指导人们行为的话的人，不一定必须是有道德的人。这句话既可说是对道德传播者的要求，也可说是从侧面体现了儒家对修身对象层次的要求。对待君子，孔子用“讷言”来要求他们。那么，什么是讷言呢?

在《论语·公冶长篇》中，孔子说过这样的话：“御人以口给，屡憎于人。”意思是：靠伶牙俐齿和人辩论，常常招致别人的讨厌。有人就根据这句话，把讷言理解为在说话时应该反应迟钝，目的就是为了少说话。因为祸从口出。所以必须做到逢人只说三分话，不可全抛一片心。在与人交往时，要尽量做到少说话。孔子在《论语·学而篇》中就指责过：“巧言令色，鲜矣仁。”那么，这真的就是儒家所谓的“讷言”吗?

在《论语·里仁篇》中，孔子还说：“古者言之不出，耻躬之不逮也。”意思是：古代人不轻易把话说出口，因为他们以自己做不到为可耻。这才是儒家“讷言”的真正含义。也就是说，讷言指的是，君子内心想要说的且说出来后要对它们负责的话。它是儒家“慎言”主张的内在本质要求，是儒家知行合一行为的必要素质。所以，儒家的讷言，等同于今人所说的言为心声、文如其人和有言必诺。

人的言语都是人的思想情感的反映。一个人说出的话、写出的文章，都反映着一个人的道德水准和思想境界。只有那些表里如一的人，他们的言语，要么掷地有声，给人一种荡气回肠的感触；要么是一种真情流露，让人体悟到生活最真实的一面。从儒家的角度来看，他们所期望塑成完美人格的君子（要担当治国平天下大任的人），必须具有知行合一的素质。首先在言语上，他们不能率性而为，而应该"三思而后行"。思考什么？思考该怎样对自己的言语负责。对于他们能办得到的事，自然应该一口应允；对于自己办不到或一时办不到的事，就不能应允。"轻诺必寡信。"事情不能及时办理，就会降低他本人的威信，同时也给政府的威信带来影响。迟诺或不诺，那对君子本人和政府的损害就会更大。轻则造成民怨，重则引发政治信任危机，进而酿成社会动乱。所以，讷言是儒家对君子取信于民或他人的言语要求。信守讷言且做出承诺后，就要付诸行动，并且要做到"敏于行"。

要做到"敏于行"，首先自身要起到垂范的作用。在《论语·子路篇》中，孔子要求做到"身正"："其身正，不令而行；其身不正，虽令不从。"意思是：自身正了，即使不发布命令，人们也会去干；自身不正，即使发布命令，人们也不会服从。

孔子推崇讷言，就是反对空话、假话，提倡多做实事，说了就要做。在《论语·为政篇》中，子贡向他请教君子坦荡荡之道时，他说："先行其言而后从之。"意思是：先按照自己承诺过的话去做，做好了就是你的行事方式。这就是君子之道。在《论语·公冶长篇》中，孔子评论子产时说："君子之道四焉：其行己也恭，其事上也敬，其养民也惠，其使民也义。"意思是：君子有四种道德，自己行为庄重，侍奉君主恭敬，养护百姓有恩惠，管理百姓有法度。君子的这些行为，都可归为"敏"之列，是对"行"的要求，属于职业道德规范范畴。怎样才能做到"敏"呢？

从为政的角度来看，身为公职人员的君子，首先必须做到办实事，即办老百姓看得见、摸得着的事。一个地方路不通、桥断梁，这些都是与老百姓生活密切相关的生活难题，如果能及时组织力量让路通行、桥能过人，这就是办实事。而君子的“敏”就是能及时发现问题、解决问题，所以它还体现在办事效率上，即办事不拖拉。一个地方发生天灾，百姓老屋被摧，田被毁，一时自身无力解决困难，那么，作为责任部门的公职人员就应该第一时间赶到现场，察灾问情，救困扶危。如果不能及时处理，救灾物资不能及时到位，督导人员不能及时到场，势必会由失于人道而导致失于公道，而且时间一长必会由天灾衍生成人祸。到这时，政府的公信已严重受损，因灾成乱也就在情理之中了。

君子的“敏”除了体现在效率上外，还体现在处事方式上，即应坚持处事公允的原则。比如在发放社会福利时，张三家受灾发了一两救济银，隔壁李四家所受灾情与张三家相同，也就应该发放救济银一两。绝不能因为李四家在朝中有高官，就发放二两或更多救济银。

从现实层面来看，言和行是人处世的两种必要手段，同时又是人实现人生价值的两种必要方式。儒家把言和行纳入道德范畴，并要求君子做到讷于言、敏于行，这不仅是一种良好的愿望或用来实现他们的政治理想的一种有效手段，也是一种调和人际关系，实现社会政治务实、高效和公平的人格保障。

第九章

恭

利人皆得以自利，损人终不免损己的和谐理念

在人与人交往的过程中，态度往往决定着事态的变化。在儒家看来，谦恭的态度无疑是和谐人际交往、融洽彼此感情的最佳利器。这种谦恭，是儒家推崇的一种美德，靠修身自省得来。“知所以修身，则知所以治人。知所以治人，则知所以治天下国家矣。”修身能让人步步趋于完美，最终达于至善。

具有谦恭美德的人，通常都具有怜悯、同情之心。当灾难、痛苦之类令人避之不及的东西到来时，他们不能躲避掉时就选择承受，决不牵连到别人头上，而且从不把自己的幸福建立在别人的痛苦之上。他们以一种积极入世的心态、以温和宽容的方式待人接物，以此来减少人际摩擦，从而实现自己的政治抱负。

只有把谦恭修养成心性的人，在实际生活中才会做到发自内心地尊重他人，而不会因自己比人家优秀而处处以高人一等的姿态自居；不会恃才傲物，目下无人；不会时刻处于欲求不满之中，而是有一种知足常乐的豁达情怀，从而收获真正的内心平和。

1. 修身自省，躬行实践

修身，是儒家道德伦理体系中的一项基本要求，也是儒家在实现其政治目标的进程中，对人格塑造达到必备素质中的一种训练方式。孔子把修身列在其治理天下和国家的九条原则中的第一位。

修身，即通过接受教育、自我学习等方式来塑造人格。这种人格，按儒家的要求，应是一种伴随修炼过程不断提高，最终直达完美的健全人格。这种修身，除了达到圣人阶段的“完人”外，其余人格阶段任何品德和身份的人，都应该始终如一地坚持下去。并且，儒家的修身并不仅仅是为了实现个人的心灵净化，也是用来服务政治目标的——在从政时能够推行仁政。

在《中庸》第二十章中，孔子说：“好学近乎知，力行近乎仁，知耻近乎勇。知斯三者，则知所以修身。知所以修身，则知所以治人。知所以治人，则知所以治天下国家矣。”意思是：喜欢学习接近智，努力实行接近仁，知道羞耻接近勇。知道这三点，就知道怎样修养自己；知道怎样修养自己，就知道怎样管理他人；知道怎样管理他人，就知道怎样治理天下和国家了。这番话层层递进，明确告诉人们，修身的目的就是为了治理天下和国家。在同一章中，他也点明了修身治国所使用的手段是仁：“故为政在人。取人以身。修身以道。修道以仁。”意思是：治理国家完全取决于用什么人，要得到适用的人在于修养自己，修养自己在于遵循大道，遵循大道要从仁义做起。这番话也告诉人们，儒家修身是以道修身，而不是食物养颜之类的洁身自好，即不是为了个人身体和心灵的需要，而是为了天下和国家治理的需要。因而孔子又说：“故君子，不可以不修身。思修身，不可以不事亲。思事亲，不可以不知人。思知人，不可以不知天。”意思是：君子不能不修养自己；要修养自己，不能不侍奉亲族；要侍奉亲族，不能不了解他人；要了解他人，不能不知道天理。这番话点明了儒家修身的顺序。首先要知道天理所在，先知天，后知人。为什么这么说呢？因为孔子本人是信奉天命说的。他认为，天是万物的主宰，人的所有禀赋都是上天赐予的（《中庸》：“天命之谓性。”）。知天，知道天理所在，再察人，就能了解他人，即能了解上天所赐给该人的禀赋。在知天察人的基础上，处理好亲族人伦关系，再在这个基础上来修身，那么，修炼出来的人格就是符合由常人向圣人不断上升的人格标准的。那怎样来修身呢？

修身的方法和手段多种多样，但大体来说可分为内修和外修。比如说，虚心好学、拜师求教等，这可算是外修。儒家的内修和外修是不可分割的一个整体，没有严格的时间界限和分别。就内修来说，它的做法通常是自省。

自省，指的是自己检省自己，对自己的内心世界以及对外交往过程中发生的言行进行自我审视，去发现它们是否符合道德原则。儒家把一个人能不能自省当作区别君子和小人的标准。孔子在《论语·卫灵公篇》中说：“君子求诸己，小人求诸人。”意思是：具有君子品行的人，遇到问题先从自身找原因；而那些小人，出现麻烦总是想方设法地推卸责任，从不会去反思自己，从自身找原因。在《孟子·离娄章句上》第四节中，孟子从多个角度表达了自省的观点：“爱人不亲反其仁，治人不治反其智，礼人不答反其敬。行有不得者，皆反求诸己，其身正而天下归之。”意思是：爱别人却得不到亲近，就应该回过头来考虑自己的仁爱程度；治理百姓却没有治理好，就应该回过头来考虑自己的智慧；用社会行为规范来要求别人却得不到回应，就应该回过头来考虑自己是否对这个规范恭敬。任何行为如果没有效果，都应该回过头来从自己身上找原因；自身端正做对了，天下的人才会归服他。孟子的这些话，也可说是从国家的高度来进行自省的。在《论语·学而篇》中，曾子就是从个人的角度来自省的，他说："吾日三省吾身：为人谋而不忠乎？与朋友交而不信乎？传不习乎？"意思是：我每天多次反省自己，为别人办事是不是尽心竭力了？同朋友交往是不是做到诚实可信了？老师传授给我的学业是不是复习了？

自省的目的，用《中庸》第三十三章的话来说就是："内省不疚，无恶于志。"意思是：内省时不会感到愧疚，不会有损或有害于自己的志向。也就是说，通过内省，及时发现问题、解决问题，这样就不会有什么让自己感到内心不安的。自省是一种自觉的行为、一种为人称道的优秀品质，也是一种不断完善和提升人格的有效手段。

儒家修身的目的同教育学"幼而学，壮而行"的目的一致，都是为实践服务，为实现政治目标服务的。南宋大诗人陆游的一首诗写道："古人学问无遗力，少壮工夫老始成。纸上得来终觉浅，绝知此事要躬行。"这首诗浅显易懂：纸上得来的东西，包括从别人那里领略到的东西，终归让人感受不到事理的真谛。唯有通过亲身体验，才能弄明白所探究对象的深意。人类的真知灼见，大都是从挫折中得来的。这也就是儒家所倡导的躬身实践。孔子在《中庸》第十一章中说道："素隐行怪，后世有述焉：吾弗为之矣。君子遵道而行，半途而废：吾弗能已矣。君子依乎中庸。遁世不见知而不悔：唯圣者能之。"意思是：身居隐逸的地方，做些怪诞的事情来欺世盗名，后世也许会有人来记述他，为他立传，但我是绝不会这样做的。君子按照中庸之道去做，但是半途而废，不能坚持下去，而我是绝不会停止的。君子遵循中庸之道，即使一生默默无闻不被人知道也不后悔，这只有圣人才能做得到。这段话所要说的意思包括了几个方面：不能以惊世骇俗、哗众取宠的方式博取名声；选择正确的道路就要坚持走下去；一个人如果在自己的岗位上不偏不倚，坚守中庸之道，尽管默默无闻，但始终无怨无悔，那么，他实际上也就修身到圣人阶段了。这个阶段，也就是儒家修身的最高阶段。

所以，儒家的修身和实践是紧密相连的，他所要求人们的精神和行为状态“苟日新，日日新，又日新”，从而让人无处不追求完美，最终以达于至善。这种要求，对当今社会来说，仍具有积极的实用价值。

2. 己所不欲，勿施于人

在《论语·卫灵公篇》中，子贡问孔子：“有一言而可以终身行之者乎？”意思是：有没有一个字可以终身奉行呢？孔子回答：“其恕乎！己所不欲，勿施于人。”意思是：那就是恕吧！自己不想要的，就不要强加给别人。这句话里“恕”的意思，指的是一种换位思考的结果，即推己及人。这句话所要表达的意思是：人应该具有怜悯、同情之心，当灾难、痛苦之类令人避之不及的东西到来时，自己能够躲避掉就躲避掉，不能躲避掉就自己承受，不要把它牵连到别人头上。这是儒家仁爱思想的一种表现。

在儒家学说的创立者中，孟子坚持人性本善说。他在《孟子·告子章句上》第二节中写道：“人性之善也，犹水之就下也。人无有不善，水无有不下。今夫水，搏而跃之，可使过颡；激而行之，可使在山。是岂水之性哉？其势则然也。人之可使为不善，其性亦犹是也。”意思是：人的本性是善良的，就好比水向下流淌一样。人的本性没有不善良的，水的本性没有不向下流淌的。如今的水，被击打就可以溅得很高，可以使它高过额头；堵塞水道使它倒行，就可以使它流上山冈。难道这是水的本性？是形势使它这样的。人之所以会有不善良的举动，其性质和水被击打、堵塞是一样的。在孟子看来，人的本性是善良的，只不过后天的一些环境因素改变了它，也就让这个世上多了恶的现象。而他还认为，在人本善的心性中，包含一种怜悯、同情之心。在《孟子·告子章句下》第六节中，孟子写道："恻隐之心，人皆有之……恻隐之心，仁也。"意思是：怜悯、同情之心，人人都有，它表现为关爱别人。孟子的这些话，于理于事实都很有说服力。

在《孟子·公孙丑章句上》第六节中，孟子对人的怜悯、同情之心做了政治高度上的阐述，指出了"人皆有不忍之心"，并且指出了它对于政治的重要意义。

每个人都有怜悯同情别人的心性。先王由于具有怜悯同情别人的心性，所以才有体恤百姓的政治手段。用怜悯、同情的良知，施行体恤百姓的政治措施，治理天下就可以像在手掌心里面运转东西一样容易。之所以说每个人都有怜悯、同情别人的心性，是因为这是人的心性中固有的成分。就好比说，今天有人突然看见一个小孩要掉进井里面去了，必然会产生惊惧同情的心理——这不是因为想去和这孩子的父母拉关系，不是因为想在乡邻朋友中博取声誉，也不是因为厌恶这孩子的哭叫声才产生这种惊惧同情的心理，而这是一种近乎本能的表现。由此看来，没有同情心，简直不是人；没有羞耻心，简直不是人；没有谦让心，简直不是人；没有是非心，简直不是人。同情心是仁的发端，羞耻心是义的发端，谦让心是礼的发端，是非心是智的发端。人有这四种发端，就像有四肢一样。有了这四种发端却自认为不行的，是自暴自弃的人；认为他的君主不行的，是暴弃君主的人。凡是有这四种发端的人，都要知道扩大并充实它们，就像火刚刚开始燃烧，泉水刚刚开始流淌。如果能够扩充它们，便足以安定天下；如果不能够扩充它们，就连赡养父母都成问题。

孟子的这些观点，是对他的人性本善论的进一步阐释，同时也体现了儒家以道德修身齐家最终服务于政治的理想。既然人性具有怜悯、同情的仁爱因素，那么，让掌国权者推行仁政，也就颇具因势利导的意味。

儒家的悲悯情怀和同情之心是建立在良好的道德基础之上的，所体现的是仁爱思想；并且，儒家的仁爱思想还超出了对人类自身的关怀，范围扩大到“德及禽兽”。《礼记·檀弓下》中写了这样一件事：“仲尼之畜狗死，使子贡埋之，曰：‘吾闻之也：敝帷不弃，为埋马也；敝盖不弃，为埋狗也。丘也贫，无盖；于其封也，亦予之席，毋使其首陷焉。’”意思是：孔子养的狗死了，让子贡去埋葬，说道：“我听说，旧的车帷子不扔掉，是为了埋葬马时用；旧的车盖不扔掉，是为了埋葬狗。我很贫穷，没有旧的不用的车盖。在培土的时候，也给狗盖上席子，不要让土直接埋狗的头。”在《诗经·大雅·生民之什》中还写出了勿伤草木的情怀：“敦彼行苇，牛羊勿践履。方苞方体，维叶泥泥。”意思是：正在生长的芦苇丛，别让牛羊来践踏。芦苇刚刚长成形，叶儿润泽有光彩。从这个角度来看，儒家的怜悯、同情所遵从的是顺应天道的思想，体现着对上天安排的崇敬。这种崇敬以道德为底线，以仁爱为手段，是一种发自内心、顺应心性的终极关怀。

从这个意义上来说，儒家的仁爱，是把个人与整个世界融为一体的。它所体现的就是孟子所说的：“亲亲而仁民，仁民而爱物。”这种仁爱，是无偿的、不求回报的，是一种大爱的体现。

所以，“己之不欲，勿施于人”其实就是对生命的尊重。在儒家眼里，这其中的生命指的是自然界的万事万物。尽管从字面上来看，“己之不欲，勿施于人”属于“静态”的，对自身来说有一种取舍的随意性；但它同时又属于“动态”的，因为它的主动权操控在自身，在运用的过程中，就看人的心性中善念与恶念的较量。善念占据上风，它体现出来就是一种悲悯、同情的美德；恶念占据上风，它体现出来就是漠视生命，甚至践踏生命的劣性。

在儒家的学派中，并不都是同孟子那样倡导人性本善论的。与此相反，荀子就主张人性本恶论。在《荀子·性恶》中就提出了这种观点：人的本性从人一生下来就有贪图私利之心，因循着这种本性，人与人之间就要发生争夺，也就会不再讲求谦让；人一生下来就好忌妒仇恨的心理，因循着这种本性，于是就会发生残害忠厚善良的事情，这样忠诚信实就会丧失；

人生来就有爱好声色的本能，喜欢听好听的，喜欢看好看的，因循着这种本性，就会发生淫乱的事情，礼仪制度和道德规范就会丧失。

按照荀子性恶论的观点，人的行为取舍就不会以善为出发点，按事情的是非曲直来做取舍，而是会遵循自私的本性以满足自己的欲望为目的。这个时候，当面对痛苦时，他们就不会产生悲悯、同情之心，往往还会落井下石，把自己的幸福建立在别人的痛苦之上。

不过，无论是性善论还是性恶论，儒家各个学派都认为人性是可以通过修炼得到完善的。这种修炼，就是将美德植入人的心灵，把人的一切行为都纳入道德之中，这样人与人之间呈现出来的就会是仁爱，社会之中的各种丑恶现象也就能被逐渐杜绝。

3. 严于律己，宽以待人

人有诸多需求和欲望，它们支配着人随时向外界伸出索取的手，以期获得满足。然而，人的各种需求和欲望并不是整齐划一的，而且外界的资源往往是极其有限的。这时，人的心性就复杂多变起来。有时候，会让人因失去耐心而奋不顾身地为自己的欲求倾力一搏。由此，人世间就有了纷争打斗，有了暴力罪恶，更有强加在人的心灵之上的种种痛苦。那要如何止住这种现象呢?

儒家把解决的方法寄托在道德修身上，认为通过道德自律的作用，就能让人做到泯灭贪欲、善待他人。这种道德修身是个人的一种自觉行为，涉及个人生活的方方面面。它以规范人的言行为出发点，以清除人的内心中的私心杂念为最高要求，以实现人生立世目标为目的。

儒家奉行天命说，认为世间的万物都是遵循天道而来。人们对待它们，就不应有任何非分之想，而应该安于现状。否则，就是违背天理。在《中庸》第十四章中，孔子要求君子必须做到："君子素其位而行，不愿乎其外。素富贵，行乎富贵；素贫贱，行乎贫贱；素夷狄，行乎夷狄；素患难，行乎患难。君子无入而不自得焉。在上位，不陵下；在下位，不援上；正己而不求于人则无怨。上不怨天，下不尤人。故君子居易以俟命，小人行险以徼幸。"意思是：君子安于现在所处的地位去做应做的事，不生非分之想。处于富贵的地位，就做富贵人应做的事；处于贫贱之中，就做贫贱人应做的事；处于边远地区，就做在边远地区应做的事；处于患难之中，就做在患难之中应做的事。君子无论处于什么情况下都是安然自得的。处于上位，不欺侮在下位的人；处于下位，不攀援在上位的人。端正自己而不苛求别人，这样就不会有什么抱怨了。上不抱怨天，下不埋怨人。所以，君子安于现状来等待天命，小人却铤而走险妄图获得非分的东西。这番话，就是要求人们安于现状，对于自己所处的任何状况都坦然面对。而这就是安于现状的自律行为。

在坦然面对各种生活状况时，还要做到不受身边的各种诱惑所骚扰，即要做到"寡欲"。在《孟子·尽心章句下》第三十五节中，孟子说道："养心莫善于寡欲。其为人也寡欲，虽有不存焉者，寡矣；其为人也多欲，虽有存焉者，寡矣。"意思是：修养自己的心，最好的办法莫过于减少欲望。如果为人处世少有欲望，即使没有多少东西存留，也不会再产生什么欲望；如果为人处世欲望很多，虽然存留有很多东西，也会觉得自己的东西太少。如果一个人对外界的诸如金钱、美色都没什么欲望的话，他还能对社会带来什么负面的影响呢！在《论语·学而篇》中，孔子更是要求做到："君子食无求饱，居无求安。"意思是：饮食不求饱足，居住不要求舒适。因为饱食容易让精神昏昏，安逸的居住条件能让人心智怠惰。由此看来，这样的寡欲，的确能够起到减少纠纷争斗的作用。

在与人交往时，要怎样做到自律呢？《中庸》第十三章中写道："施诸己而不愿，亦勿施于人。"意思是：自己不愿意加在自己身上的事，也不要施加给别人。这是从待人的角度来做到自律。比方说，人都是有个性、有脾气的，当出现一些违逆自己意愿的事时，如果遵从人的本性，谁都可以做到当即暴跳如雷、指桑骂槐。但是，这样一来，对别人就是一种伤害。对于有志于治国平天下的人来说，如果他不自律的话，就由着性子对下属颐指气使，动不动就乱骂下属一气，而这样的举止，必然会招来下属的暗中抵制。他们会阳奉阴违，有令不行，有禁不止，诸事不为，甚至走向反面而胡作非为。所以，作为社会中的任何成员，都应该做到自律，注意自身形象，为人处世谨言慎行。与此同时，还应做到敞开胸襟、宽容待人。

儒家的宽容，是其仁爱思想的延伸，它的内涵包罗万象。在《孟子·离娄章句下》第二十八节中，孟子写道："君子以仁存心，以礼存心。仁者爱人，有礼者敬人。爱人者人恒爱之，敬人者人恒敬之。"意思是：君子将建立人与人之间相互亲爱的关系存于心中，社会行为规范存于心中。能建立人与人之间相互亲爱关系的人能爱别人，心中有社会行为规范的人能尊敬别人。能爱别人的人，别人也能常常爱他；能尊敬别人的人，别人也常常尊敬他。这番话既道出了儒家宽容行为的思想基础，也道出了他们对宽容行为的社会期望。儒家针对宽容行为的道德说教充斥于他们的经典之中，不胜枚举。此处不妨换个角度，针对儒家礼仪中的一些行为加以分析，来看看其中的一些不同之处。

儒家制定的礼仪中，许多都超出了常人的想象。对于接受它们来作为一种行为规范的人来说，有时无异于对身心的折腾、煎熬，甚至可说是摧残。比方说，父母亲生病了，那作为子女该怎样做呢？《礼记·曲礼上》中规定："父母有疾，冠者不栉，行不翔，言不惰，琴瑟不御，食肉不至变味，饮酒不至变貌，笑不至矧，怒不至詈。疾止复故。有忧者侧席而坐，有丧者专席而坐。"意思是：父母生病，成年的儿子不能梳头，走路也不能像平日那样甩开双臂，开玩笑的话也不可以讲，乐器也不可以弹奏，吃肉只能少量地吃，饮酒不能饮喝到脸红，笑不能到开怀大笑的程度，发怒也不至于骂人；父母病愈，做儿子的才恢复常态。父母有病的人要独席而坐，父母去世不久的人只坐单层的席子。的确，这些规定中有非常人性化的合理因素，但是，真正的孝心不是体现在表象上，而是重在行动上。父母生病了，做子女的勤于寻医问药，以帮助他们早日恢复健康，这比什么礼仪都重要，这才是最大的孝心。从人的心理承受能力来说，儒家的礼仪规范要想能够在社会上推行开来，最终成为人们在社会行为中的一种自觉行动，首先就得培养起一种宽容的胸襟。可以这样说，儒家这种礼仪的实质就是以人心的宽容来对待制度上的不宽容。这或许是儒家推崇宽容的理论动机。

当然，从时代背景上来看，对于当时社会上暴政和暴君们来说，他们苛政待民，有时还滥杀无辜，并没有节制，这恐怕是儒家宽容思想产生的社会基础。另外需要指出的是，儒家的宽容是有严格底线的，绝不是放任。

《礼记·曲礼上》中规定："父之仇，弗与共戴天。兄弟之仇不反兵。交游之仇不同国。"意思是:对于杀父的仇人，做儿子的必须与他拼个死活，什么时候杀了他什么时候才算罢休；对于杀害兄弟的仇人，要随时携带武器，遇见就杀；对于杀害朋友的仇人，如果他不逃到别国去，见即杀之。

其实，儒家的道德伦理思想中有关各种修身的要求，所要实现的目标并不是让人成为一个与世无争的人，处处以柔弱示人，而是以一种积极入世的心态，以温和宽容的方式去待人接物，从而减少人际摩擦，最终实现政治抱负。只不过长久以来，一些统治者出于愚民的目的，刻意歪解了儒家思想，从而让人把儒家的修身思想错误地理解为刻意柔弱身心，进而导致整个民族丧失了血性，把一只猛虎人为地变成了一只病猫。

所以，"严于律己，宽以待人"不是自闭自虐，也不是放任自流，而是建立在广阔胸襟之上的一种成就事业的人格提升，一种建立在尊重之上的心灵升华。

4. 恭者不侮人，俭者不夺人

在人际交往中，给人一个甜美的微笑、一句亲切的问候，往往就能获得对方的好感，进而拉近彼此的距离。所以有人说，微笑和问候是人际关系的润滑剂，它能让人的生活因人际关系的和谐而变得分外美好。但是，也有人说这世上从来没有无缘无故的爱，也没有无缘无故的恨，之所以以微笑和问候示人，定然怀有某种索求。那怎么看待这个问题呢？

在《孟子·离娄章句上》第十六节中，孟子说："恭者不侮人，俭者不夺人。侮夺人之君，惟恐不顺焉，恶得为恭俭？恭俭岂可以声音笑貌为哉？"意思是：为人谦恭的人不会欺侮他人，善于自我约束的人不会掠夺别人；欺侮而且掠夺别人的君王，生怕别人不顺从，怎么能做到谦恭且自我约束呢？谦恭且自我约束难道能以悦耳的声音、献媚的笑容表现出来吗？在这番话里，孟子所要表达的就是儒家一以贯之的修身要求——人的任何言行都应是与其内心的真实状况相一致的，而不能是伪装的。一个谦恭的人，首先在他的内心里就具有谦恭的品德，这样，他的表现就是顺应心性的。同样，一个自我约束的人，他的举止也是内心真实状况的反映，而不是外界逼迫或强加的结果。这样的人，他就不会去欺侮别人、掠夺别人。所以，真正的谦恭和自我约束不是靠什么亲切的话语、甜美的微笑就能伪装出来的。

孟子的这番话，含有时代的因素在里面。它的对象就是那些靠武力掠夺施暴的国君。他们施行武力统治的同时，也时刻害怕人民不顺从，进而以武力加以反抗。所以，他们也时刻把仁义道德挂在嘴上，盗仁义之名，行苛政之实。于是，孟子就说出这番话，告诫他们：谦恭的人是不会侮辱别人的，自我约束的人是不会掠夺别人的。这是十分明显的道理，谁都懂，你们这些国君就不要强装笑脸、满嘴甜言蜜语地来欺骗自己的人民了，还是发自真心地施行仁政吧！

从这番话中，孟子为天下百姓的良苦用心可见一斑。在他看来，内心存在谦逊、自我约束的品德，在行动上就不会侮辱别人和掠夺别人；外在的形象展示如果不是同内心的想法相一致，就会沦为欺骗，最终损害的还是自己。所以，脸上挂着微笑，哪怕再怎么迷人，如果所行之事不合乎天道人心，那么他只能欺骗一时而绝不能欺骗一世，最终所得到的必然是事与愿违的结果。

一个人立身处世，不同的态度就会有不同的行事方式，这些行事方式产生的结果往往又反过来影响人的行为。其中，以谦恭、自我约束的态度行事，往往就能收到投桃报李的良效。《荀子·修身》中就写出了这种情形："体恭敬而心忠信，术礼义而情爱人；横行天下，虽困四夷，人莫不贵。劳苦之事则争先，饶乐之事则能让，端悫诚信，拘守而详；横行天下，虽困四夷，人莫不任。"意思是：外貌谦恭，内心忠诚，遵循礼义且性情仁爱，这样的人走遍天下，即使困顿在边远地区，也没有人不敬重他；劳累辛苦的事抢先去做，有利可图、享乐的事却能让给别人，诚实守信，谨守法度而又明察事理，这样的人走遍天下，即使困顿在边远地区，也没有人不信任他。这番话所说的就是"恭"和"俭"两种表现形式，以及它们所能取得的"人莫不贵""人莫不任"的巨大社会成效。

一个人的外在形象当然十分重要。在与人交往时，一个以良好的仪表、不凡的谈吐和通融的话语来进行沟通交流的人，总是能让人高看几眼。但是，现实中还有另外的看法。俗话说："路遥知马力，日久见人心。""人不可貌相，海水不可斗量。"所谓的美德，都是发自内心、顺应心性的良好品德，而不是为了达成某种愿望才伪装出来的。所以，“恭”和“俭”不应是表面上的做作，而应是遵从内心的知行合一之举。

在《中庸》第三十三章中，孔子把君子“笃恭”的行为归为“天下平”的原因。可见在儒家的心目中，谦恭不仅是一种强大的人格力量，更是一种安定天下的利器。对待“俭”，在《论语·述而篇》中孔子说：“奢则不逊，俭则固。与其不逊也，宁固。”意思是：奢侈就会显得不恭顺，俭朴就会显得鄙陋。与其不恭顺，宁可鄙陋。儒家的“恭”和“俭”已不仅仅是对个人品德的要求，更是对社会行为的要求。

在一个礼崩乐坏的社会，儒家把恢复社会秩序、构建一个以礼为行为规范的德治社会的希望寄托在手握国器的当权者身上。儒家认为，人都具有体恤他人的良知，如果当权者以谦恭的态度对待百姓，那么，老百姓必然会以谦恭的态度回馈当权者。这样一来，居上位者也就没人把老百姓不当一回事，老百姓获得了尊重也就不会敌视当权者了。另外，当权者以廉俭来养政，不再从老百姓手里横征暴敛，那么，老百姓的生活就有了保障，人心也就会安定下来，也就没什么人再起来造反了。这样的社会不需要采取什么强制的手段就能得到治理与安定。

从个人角度来看，一个傲慢无礼、欺压良善的人固然让人心生怨恨，但是，一个人不是遵从人的本性去奉行谦恭、约束自我的行为，那么，时间稍长，他的这种行为的动机就会被人识破，他也就达不到任何目的。这样的人，也就不可能受到他人的尊重与拥戴。一个节俭的人，实质上也是一个需求内敛的人。他会懂得怎样去控制自己的欲望，懂得怎样去约束自己的行动。表现出来就是不贪图享受，不奢靡，不放纵身心。在生活中，他会养成节约的习惯，从节约一粒粮食、珍惜一滴水做起，过着俭朴的生活。这样的人，并不一定是因为贫穷，而是一种已融于身心的品德表现。他们懂得别人的财富也不都是不劳而获来的，往往都是经过艰苦的劳动过程才拥有的。对于这些劳动成果，他们根本就不会想到会用欺骗、掠夺等卑劣的手段去侵占。

所以，儒家的“恭者不侮人，俭者不夺人”的观点，是从修身养成良好心性的角度提出的，是知行合一表现过后的反映。也就是说，只有把谦恭修养成心性的人，在实际生活中才会做到发自内心地尊重他人。做到这些，他也就能真正获得别人的尊重。同样，只有把自我约束修养成心性的人，在现实中才不会时刻处于欲求不满中，而是有一种知足常乐的豁达情怀，这样就不会去做那些满足私欲而把自己的幸福建立在他人的痛苦之上的事，也就能收获真正的内心平和。一个人做到了谦恭待人、自我约束，也就没有人会对他“侮”或“夺”了。

5. 贵人而贱己，先人而后己

在儒家对人的行为要求中，处处体现着一种恭敬他人，让人为先的精神。这种精神用《礼记·坊记》中孔子的话说就是：“贵人而贱己，先人而后己。”意思是：抬高别人，贬抑自己，先替别人着想，然后才想到自身。孔子说这句话时，所针对的对象是君子。也就是说，这句话，既是儒家修身的内容，也是修身中一种较高层次的要求。从社会交往的角度来看，它所体现的起码包括儒家所推崇的谦恭的美德和重义轻利的义利观，即知与行这两种内在与外在的素质。

所谓的社会交往，可简单地理解为人与人之间的各种往来。在这一过程中，按儒家的要求，人的知与行应该是统一的：有什么样的行为，首先必有产生这种行为的指导思想；有什么样的行为思想，就会有与这种思想相一致的行为。作为君子来说，他的一切行为都是建立在仁德之上的。所以，他的行为就不会失于道德规范，就能成为社会风气趋正乃至人际关系趋和的推动者、引领者。在人际交往时，抬高别人，贬抑自己，也就可说是君子所使用的一种日常礼仪。在“贵人”方面，古人将它发挥到了生活的方方面面。首先就体现在与人交往时见面的言辞上。

在谈话内容涉及对方亲属时，要用到表示尊敬的令、尊、贤等。比如说，用令尊来称呼对方的父亲，用令堂来称呼对方的母亲，用令阃来称呼对方的妻子，用令兄来称呼对方的哥哥，用令郎来称呼对方的儿子，用令爱来称呼对方的女儿等。在秉承对方意图时，则要用到“尊”字。比如说，用尊上来称呼对方的父母，用尊亲来称呼对方的亲戚，用尊驾来称呼对方本人，用尊命来表示接受对方的嘱咐，用尊意来指称对方的意思等。在称呼平辈或晚辈时，则要用到一“贤”字。比如说，用贤家来称呼对方，用贤郎来称呼对方的儿子，用贤弟来称呼对方的弟弟等。还有用仁来表示尊重的。比如说，称呼比自己年岁大的同辈人为仁兄，称呼地位高的人为仁公等。至于说像皇帝这样地位极高的人，对他们的敬称就更超乎人类自身了。比如说，万岁、圣上、圣驾、天子等。这些称呼，哪一个能用到常人头上？这些称呼，无论用在称呼高高在上的皇帝还是普通人，都能体现出对这些“贵人”的敬意。

在行动方面，“贵人”可以说体现在儒家推崇的行为礼仪的各个方面。在“贱己”上，古人则把它发挥到了生活的方方面面。在自称方面，古代君主所用到的称谓有：孤、寡人、不谷；一般人自称臣、仆、愚、蒙、不佞、不敏、不肖、不才、在下、下走、下官、鄙人、小人、小可、后生、晚生、侍生等；女子自称一般用妾、奴等。比如说，《史记·廉颇蔺相如列传》中，赵王用“寡人”自称：“秦王以十五城请易寡人之璧，可予不？”蔺相如用“臣”来自称：“臣愿奉璧往使。”其他的称呼还有：称呼自己的妻子一般为拙荆、贱内、内人、山荆、荆屋、山妻等；称自己的儿子为小儿、犬子、息男；称女儿为息女、小女等。这些称呼，从反面来看就是“贵人”。

所以，贵人和贱己是现实交往过程中，儒家所推崇的谦恭这一美德的两种表现形式，属于同一事物的两个方面，仅是随表达言辞者的变换而变换。

在行动方面，儒家对“贱己”也有着诸多要求。

贵人而贱己，表面看来虽然与人的心性有着悖谬之处，但从社会学的范畴来看，恰恰是一种可以营造人际和谐关系的有效手段，是从人的思想上树立起的一种行为规范。这也就是儒家所推崇的谦恭的美德。从利益的角度来看，它又是儒家先人而后己的重义轻利思想的体现。

明朝的方孝孺说过这样一句话：“图人者适以自图，灭人者适以自灭。”意思是说：算计别人的人，恰就是在算计自己；毁灭别人的人，就是在毁灭自己。《中说·魏相》中写道：“君子不责人所不及，不强人所不能，不苦人所不好。”这两句话可说是表达了同一个意思，从反面来解读先人而后己：先人而后己指的是在涉及利益时，要先满足别人，然后再想到自己。这是成人之美与无私奉献的精神。这种精神，首先是建立在美德基石之上的。

先人而后己，所体现的是一种谦恭的态度、礼让的义举。《荀子·荣辱》中就提出了“先义而后利者荣，先利而后义者辱”的荣辱观。人都有各种欲望，但谁也不能把自己的欲望强加给别人，希图从别人那里获取某些东西来满足自己，而应该把义字当头挂起。《论语·公冶长篇》中孔子就说道：“我不欲人加诸我也，吾亦欲无加诸人。”意思是：我不愿别人把自己的欲望强加于我的身上，我也不愿把自己的欲望强加在别人身上。这可说是从人性的角度道出了对逆己的反感。也表明以一种顺应人性的方式来与人相处的重要性。所以，可以说先人而后己是一种遵循人性的美德之举。

随着儒家被推上正统的地位，贵人而贱己、先人而后己的品德要求也成为整个社会效法的一种行为礼仪，影响着现实生活的方方面面。到了宋朝，范仲淹把它上升到了国家高度，发出了“先天下之忧而忧，后天下之乐而乐”的爱国号召。这既具有历史传承的积极作用，又具有经世致用的现实意义。它把儒家义的思想上升到一个崭新的历史高度，是极其难能可贵的。

6. 出门如见大宾，使民如承大祭

北宋时的周敦颐说："惟人也，得其秀而最灵。"这道出了中国古人对自身的看法。在先秦时起，中国人就把人与天、地并称，列为三才之一。《易传·系辞传下》第十章中写道："有天道焉，有人道焉，有地道焉，兼三才而两之。"在儒家看来，人之所以不像动物那样盲目无知，是因为他们能遵循天道。于是，在人处世立身的过程中，就有了"死生由命，富贵在天"的说法。具体到实际事务时，又归结为"谋事在人，成事在天"。换句话说就是，人要想谋事成功，唯有将人道合于天道之内，才能发挥人的生命潜能。那么，具体该怎么做呢？

孔子在《论语·颜渊篇》中给出了一种谋事态度："出门如见大宾，使民如承大祭。"意思是：出门办事如同去接待贵宾，恭敬友好；使唤百姓如同去进行重大的祭祀，严肃认真。孔子给出的这种谋事态度，既有尊重的成分，也有谨慎行事的小心态度。

现实中的每个人，上自达官显贵，下至普通百姓，在交往过程中，他们都是彼此观察的对象。其间，每个人的语言、行为、仪表，都可说是一面镜子，外人据此就能判断出他是一个什么品位的人。可是，现实情况通常是，人类有一种"移情别恋"的心性，即将自己在某一处或某一时所取得的成绩，包括曾经带给公众的良好形象复制到另一处，而完全忽略或忽视了自身相对这一处的缺陷。比方说，在现实生活中，经常会出现这样的情形：一些颇有资历的官员或权威，往往会将一场各抒己见的会议变成一言堂。问题有时还不在此，而在这些人的讲话内容空洞无聊。这时，对于别人来说，听他讲话就是一种煎熬。毫无疑问，这些官员或权威的确有过打动人心之举或受人拥戴之时，这让他们形成了成就感。可是，此一时，彼一时，他们所取得的成就早已归为过去，已经完成了它的使命，也就没必要再躺在这些功劳簿上坐吃山空了。而问题是，人都是惯于察人而失于律己的。这时，他们就会抱着既往的成就感不放，更甚者还会以此为契机，期望获得更大的荣誉感。这时，在外人眼里，他的形象不仅不会水涨船高，反而会因此而一落千丈。以儒家的观点来看，这种形象的落差，恰是当事人没有践行谨言慎行的结果。实质上也就是对他人缺乏尊重的结果。从心理学上来说，也就是没有做到心理预防的结果。那怎样做到心理预防呢？

首先要明确的是，心理预防指的是通过修养来增强适应社会的能力和自我控制的能力。从这点上来说，儒家的道德修身，实质上就是对日后社会交往、管理公共事务所做的心理预防教育。“出门如见大宾，使民如承大祭”就是其中行为学方面的内容。用通俗的话来解读就是，对于个人的每一项活动、每一项举措，都要抱着极其真诚、端正、尊重的心态去应对。这样才能做到以不变应万变，才能出色地完成各项使命或任务。这是一种道德意义上的防患于未然。从儒家“内修外用”的目的来看，它所体现的也是一种仁爱的思想。

在《孟子·公孙丑章句上》第四节中，孟子说：“仁则荣，不仁则辱。今恶辱而居不仁，是犹恶湿而居下也。如恶之，莫如贵德而尊士，贤者在位，能者在职。国家闲暇，及是时明其政刑。虽大国，必畏之矣。”意思是：爱民则荣耀，不爱民则会被埋没。如今憎恶埋没而又不爱民，就好像是憎恶潮湿又居住在地势低下的地方一样。如果憎恶埋没，不如尊重客观规律且尊敬读书人，使贤能者在位，能干的人在职。在国家局势稳定时，趁此时机修明政教法典。虽然邻有大国，也必然会畏惧。

孟子主张人性本善。在他看来，作为普通百姓，之所以会产生怨言，完全是由于当政者不仁爱的缘故。如果每一位当政者见了自己的百姓就像对待贵宾那么恭敬友好，安排百姓从事生产或国家事务时态度严肃认真，对百姓付出的回报能说到做到，那么百姓不但对政治无怨尤，而且还会发自内心地对国家表示拥护。

荀子主张人性本恶论。在《荀子·性恶》篇中他写道："人之性恶，其善者伪也。"意思是：人的本性是恶的，那些善良的行为是人为做出来的。但同时他认为，人的本性可以通过教化改变："故枸木必将待檃栝、烝矫然后直；钝金必将待砻厉然后利；今人之性恶，必将待师法然后正，得礼义然后治。"意思是：弯曲的木头，一定要通过工具的矫正加热，然后才能挺直；不锋利的金属器具一定要通过打磨才能锋利；人"恶"的本性，一定要依靠师法的教化，然后才能纠正，懂得礼义，天下治平。从人的本性上来看，荀子的观点似乎更站得住脚。因为在人际交往中，谁都喜欢受到别人的赞扬、夸奖；在任何地方，谁都希望优先受到别人的礼遇；对自己的任何言行，谁都希望受到别人的重视；对于自己所期望达成的目标，谁都希望能迅速得到实现。这样一来，谁都会顺着自己的心性行事而不去迁就他人。这可以说是社会矛盾形成的直接原因。

从做人的角度来看，不论是居庙堂之高者，还是处江湖之远者，一个正确的处世态度，往往能够左右一个人的事业成败和人生沉浮。如果遵循人类将心比心的交往原则，那么，他一定会以一种积极入世的心态投身社会，将谦恭友好示之于不同形色的人等；对于自己的事业，对于那些愿意接受自己驱遣的人，他必定会以一种视事业如生命的心态来感染他们，让他们愿意与自己一道为成就事业而打拼一番。"人为善，福虽未至，祸已远离；人为恶，祸虽未至，福已远离。"一个人，只要学会真诚待人，自己不愿意的事不推给别人，平时多替他人着想，他必定是出门无怨、居家无咎。孔子是这方面的身体力行者。在《论语·子罕篇》中他写道："子见齐衰者、冕衣裳者与瞽者，见之，虽少，必作。"意思是：孔子遇见穿丧服的人、当官的人和盲人时，虽然他们年轻，也一定要站起来表示敬意。这是一种无任何功利的发自内心的敬意，后人读了也会对孔子产生同样的敬意。

所以，“出门如见大宾，使民如承大祭”，既可说是心灵修炼过后的一种美德，也可说是一种人际平和交往的法则，更可说是一种宽宏的心胸。从行为学的角度来看，它体现的是一种难能可贵的尊重他人的优秀品质。这种品质，在今天仍可用来指导人的行为。

第十章

宽

重德轻刑、轻徭薄赋的法律准则

儒家推崇用“宽”来治理国家。这里的“宽”，体现在以下几个方面：在运用法律上，要做到重德轻刑；在施政措施上，要做到轻徭薄赋；在身份角色上，要注重公正形象；在个人言行上，要做到宽以待人；在待人接物上，要做到谦和有礼。而它们的灵魂，就是儒家的核心价值观——仁。

重德轻刑，是孔子法律思想的宗旨。他认为，只有德治、教化才是根本的治国方法。为此，他首先提出重德轻刑、以德去刑的主张。到西汉时期，董仲舒根据儒家“天人合一”的理论，提出“大德小刑”“德主刑辅”的原理和主张，使它们成为正统儒家法理思想的一部分。

轻徭薄赋，是儒家施政措施上的主张，是对人民施行“仁政”的具体运用。早在战国时期，孟子就指出：“有对布帛的征税，有对粮食的征税，有征发劳力的赋税。君子要采用其中的一种，缓和另外两种。采用两种，人民就会有饿死的，采用三种征赋父子就要分离。”所以，轻徭薄赋的目的，就是让人民安居乐业，走向富裕。而民富，国家才能真正强大。

1. 时使薄敛，可以劝百姓

“时使薄敛，可以劝百姓”出自《中庸》第二十章。当时，鲁哀公向孔子询问如何施行仁政时，孔子就大谈政事与人的修养之间的密切关系，提出“为政在人”，即有什么样的人执政，就会有什么样的政治；如果执政者对百姓少收赋税，就能得到百姓的拥护。这是从政治的角度谈施行仁政的好处。

时使薄敛，用今天的话来说就是：在施政时，要时刻想着为人民减轻负担。如何减轻人民的负担？儒家认为，作为国家的管理者，首先要在本性中具有仁的思想。孔子说：“治理天下和国家有九条原则。它们是：修养自身，尊崇贤人，亲爱亲族，敬重大臣，体恤群臣，爱民如子，招纳工匠，优待远客，安抚诸侯。修养自身就能确保自身走上正道；尊崇贤人就不会让自己的思想受到困惑；亲爱亲族就不会惹来怨恨；敬重大臣就不会遇到事情时不知怎么去做；体恤群臣，士人们就会竭力报效；爱民如子，老百姓就会忠心耿耿；招纳工匠，财物就会充足；优待远客，四方百姓就会归顺；安抚诸侯，天下的人就会有敬畏心。”

不过，在中国历史上，儒家虽然提出了民本的思想，甚至提出了“民为贵，社稷次之，君为轻”的口号，但是，在具体施政时，国家仍然处于绝对的支配地位，而民要为国家承担两项应尽的义务：徭役和赋税。

徭役，是中国古代国家规定的各阶层人民必须从事的无偿劳动，包括力役、杂役、军役等，起源很早。《礼记·王制》中就有这方面的规定。比方说，其中规定：平民到五十岁就不服劳役，六十岁以后就不服兵役，七十岁以后就不再参与应酬宾客的活动。

秦朝时，国家法律规定：成年男子必须为政府从事力役和兵役。开始服役的年龄为十七岁。到汉朝景帝二年（前 155）时，将服役年龄定为二十岁，后来又改为二十三岁，而将免除徭役的年龄定为五十六岁。纵观中国历史，历代徭役名目繁多，并且，越是到一个朝代的末期，施行徭役的办法就越严苛，压榨平民百姓的程度就越残酷。

赋税，是指古代国家征收的田赋与其他税收的总称。中国赋税制度起源很早，最初征收的赋税指的是统治者向下属征取土产、劳役和其他实物。到后来逐渐将按丁口征收的军役及军需品称为“赋”；按土地和销售经营征收的财物称为“税”。春秋战国以后，国家转为向农民所拥有的土地征收实物，赋和税逐渐混合在一起。

秦始皇统一中国后，继承和发展了以往的赋税制度。公元前 216 年，颁布“使黔首自实田”的法令，进行全国性的土地登记，按占有土地数制定缴纳赋税。比如说，“秦田律”规定：每顷土地应向国家缴纳饲草三石，禾秆二石。如果隐瞒土地，少缴或不缴租税，就要受到法律的严惩。此外，秦朝还征收“户赋”和“口赋”。

秦朝时，徭役沉重，赋税繁多，农民每年辛辛苦苦耕作下来，都要把收成的三分之二作为赋税上交给国家，这使民怨沸腾，民众不得不起来反抗。结果，他们历经数代、千辛万苦得来的江山，仅历二主（三十来年）就易主了。所以，秦朝的灭亡，真正是官逼民反、失去民心的结果。这也说明了孔子提倡的“时使薄敛”的重要性。

汉代吸取秦朝的教训，实行与民休息的政策。文帝二年和十二年分别两次“除田租税之半”，文帝十三年，还全免了田租。同时，为了避免耗损国力，对周边敌对国家决不轻易出兵。这就是轻徭薄赋的政策。这种政策坚持下去后，出现了社会安定、百姓富裕起来的大好形势。到景帝后期，国家的粮仓充实起来，府库里的大量铜钱多年不用，以至于穿钱的绳子都烂了。汉代文帝、景帝所推行的政策，实际上就是孔子所说的“时使薄敛”

做法的具体体现。

以孔子为核心的儒家先贤们，提出“时使薄敛”的仁政主张，是建立在深厚的现实基础上的。在春秋时期，齐国的晏婴就强烈反对统治者“斩刈民力，输掠其聚”的横征暴敛行为，指出：“赋敛如掠夺。”他揭露齐国当时赋税繁重的现实：“民三其力，二入于公。”“布艺无常，征敛无度。”认为重税重役会引起人民不满，激化社会矛盾，威胁统治。他多次强调：“重敛于民，民必衰矣。”“君税敛重，故民心离。”“厚籍敛，意使令，无以和民。”这些论述，在反映当时沉重的社会现实的同时，也体现着儒家以民为本的思想。可以说，为孔子“时使薄敛”的政治主张提供了有力的证据。

轻徭薄赋，是从财政的角度来处理社会利益分配的。它历来被儒家奉为一项重要的治国安邦原则。在历史上，它因为既能维护大的土地拥有者的利益，又符合一般小土地所有者的愿望，所以，它能起到稳定社会秩序、促进社会发展的作用。同时，因为征调较轻，也就不会激发社会矛盾，从而有利于政权的巩固。另外，实施轻徭薄赋后，能让农民在一地定居下来。这样一来，他们就会安居乐业，进一步促进人口增长和社会财富的增加。

而从历史上来看，尽管儒家思想基本上被历朝历代奉为正统，但是，真正能始终坚持轻徭薄赋政策的朝代从来没有。各个朝代往往都是在建立起新王朝的初期，将这项政策实施一阵子，而当经济得到恢复和发展、财政收入实现增加后，就会对人民横征暴敛。

所以，历史也证实了儒家的观点。要想实行仁政，首先就要求国家的管理者具有爱民之心；其次要有切实可行的爱民的举措。只有从民的角度看问题，才能看出“时使薄敛”的真正意义，才会发自内心地爱民，从而宽以待民。当国家的管理者真正实行仁政时，他就会主动采取措施减轻人民的负担，人民就会因这些措施而变得富裕起来，国家随之就会变得强大起来，而这时他就会受到人民的真心拥护。

2. 为政以德，宽则得众

孔子在《论语·为政篇》中说："为政以德，譬如北辰，居其所而众星共之。"意思是：把自己培养成为一个有道德修养的人，严格按照道德教化来推行政务，就会像北极星那样，因为自己置身于一个正确的位置，身边就会有贤能的人来听命自己、辅佐自己和拥戴自己。从这句话中可以看出，儒家治国的基本原则是德治，而不是严刑峻法；还可看出，孔子德治天下思想的基本理念：为政者自身应该是一个德高望重的人，而且他要依靠道德的力量来教化别人。

孔子把实现德治天下的希望寄托在较为完美、较为普遍和能够品德塑成的君子身上。如何让自己成为一个仁德的人呢？孔子说："能行（恭、宽、信、敏、惠）五者于天下为仁矣。"意思是：能够在处理事务时，处处实行庄重、宽厚、诚信、勤敏、慈惠这五种品德，这样的人就是具有仁德的人。这样的人来处理事务，就能以身作则，树立榜样，让人心信服。人心信服，就会拥戴施政者，从而实现严刑峻法不能起到的作用。这实际上是一种道德感化作用，是通过人格上的魅力来对他人进行教化改造，使人心地良善、知道耻辱、无奸邪之心。

孔子在《论语·阳货篇》中说："恭则不侮，宽则得众，信则人任焉，敏则有功，惠则足以使人。"意思是：庄重就不会受到别人的侮辱，宽厚就会得到众人的拥护，诚信就能得到别人的任用，勤敏就会提高工作效率，慈惠就能够使唤别人。这其中就提到了一种处世的方式：宽。用政治的眼光来看待宽，它指的就是为政以宽。

叶公曾经问孔子怎样从政，孔子告诉他："近者悦，远者来。"孔子的意思是：让身边的人能快乐地从政，离自己远的人就会愿意前来拥戴自己。这就是为政以宽。孔子生活的时代，礼崩乐坏，周室衰微，一些诸侯国暴君任意杀戮、贪欲不止。怎样改变这种现实呢？那就要实行宽政：薄敛、惠民、无讼、任贤。

宽政是儒家仁政主张的具体运用。仁政的基础是让老百姓有生活上的基本保障，这是政治稳定的保证。当然，任何好的政治主张或措施都要靠人去执行。孟子曾说过：天时不如地利，地利不如人和。这人和，体现的就是宽则得众的结果。在历史上，有一条不变的规律，得人心者得天下。比方说秦朝末年刘邦和项羽的争斗。当时，项羽可谓是一位“力拔山兮气盖世”的英雄。开始时，他拥兵四十万之多。而刘邦呢？单就兵力来讲，不过区区几万人。但是，项羽气量小，性格暴躁，杀俘虏、毁城池，不能容人。结果导致他手下的一些有用的人才纷纷离他而去，有的干脆投奔了刘邦。刘邦则相反。他宽厚待人，广收人才。别人说陈平有过“盗嫂”的前科，刘邦并不在意，照样把陈平留在身边重用，让他为自己出谋献策。韩信是项羽那边的无名之辈，投顺过来后刘邦重用为大将军。刘邦会用人、能容人，最终依靠众人的力量打败了项羽，成为汉朝开国之君。

《孟子·公孙丑上》上写道：“以力服人者，非心服也，力不赡也；以德服人者，中心悦而诚服也。”意思是：如果采用强力去压服别人，是无法做到让他们心服的，他们只是力量不足而已；如果运用仁德让别人受到感化，他们就会心悦诚服。这番话集中体现了儒家为政以德、宽则得众的政治主张。

在中国汉代以后，随着儒家被推上正统的地位，儒家的德治主张不仅得到实行，还把道德视为国家之根本。《左传》中就写道：“德，国家之基也。”对于管理国家的官员来说，个人的道德操守被摆在了至关重要的位置。“道德不厚者不可以使民。”按照儒家的观点，通过德治、仁政，就能实现“平天下”的政治目标。不过，需要指出的是，儒家主张的“德治”，是从管理国家的角度提出的，希望通过管理国家的人做到以身作则，注意修身和勤政，从而充分发挥道德感化的作用；其目的是为了使民“中心悦而诚服也”，或者说是为了“得民心”。这是一种建立在人格自觉修炼之上的作为，也是对管理国家之人的一种良好愿望。

3. 德主刑辅，先教后刑

“德主刑辅，先教后刑”的主张是儒家德治文化的重要组成部分，反映了儒家对待德治和法治的态度。它所要表达的意思是：先用德来进行教化，教化无效再使用刑罚；它所体现的是德与法的主次关系。

有关德与刑的关系，中国自周朝时就已出现，并有了“明德慎罚”的主张。周朝时创造了“以德配天”的天命观，宣扬天子权力是“天”赐的，只有以德治民，慎用刑罚，才能赢得天命，长久维系统治。

孔子的德治主张就是在西周“敬德保民”思想的基础上发展而来的。周初的统治者吸取商朝灭亡的经验教训，把商朝灭亡的原因归于商纣王的失德。周朝能够取代商朝，就是因为周文王具有盛德。比方说《诗经·周颂·维天之命》中就这样歌颂文王之德：“维天之命，于穆不已。于乎不显，文王之德之纯。假以溢我，我其收之。骏惠我文王，曾孙笃之。”意思是：那上天天命所归，多么庄严啊，没有止息；多么庄严啊，光辉显耀，文王的品德纯正无比！美好的东西让我安宁，我接受恩惠牢记于心。顺着我们文王的路线方针，后来的人一心一意遵照执行。但是，到了东周后期，统治者失德的现象日趋严重。到了孔子生活的春秋时期，竟然出现了子弑父、臣弑君、兄弟相残、权臣僭越的丧伦失德的行为。再加上国人暴动、列国兼并、夷狄交侵，整个社会动荡不安。

面对礼崩乐坏、“天下无道”的现实，孔子发现并认识到道德对维护社会稳定的积极作用。于是，为了实现他的社会有序、天下太平的理想，在继承西周“敬德保民”思想的基础上，他创立了以仁为核心、以完整的礼法制度为形式的道德规范，提出了仁政德治的政治主张。

孔子认为，在国家管理上，道德的力量要远大于法的力量。法，虽然能让触犯者受到处罚，从而怀着畏惧的心让自己的行为避免受到惩处，但是无法做到让他们具有羞耻之心。如果用道德来治理国家，就能让人知道廉耻，并且会发自内心地对管理国家的人表示服从、拥戴。所以，道德的力量是一种精神的力量。用严刑峻法只能让人做到表面上的服从，一旦环境或条件改善，受到惩罚的人就会想方设法地逃脱法律的惩处，继续干出破坏规矩的事。用道德治理国家，就会取得积极的效果。对于管理国家的人来说，他不会离经叛道；对于广大百姓来说，就能够成为一个遵守规矩、快乐生活的人。所以，刑罚只能作为一种辅助的措施，它所适用的对象仅仅是那些不能接受教化的人。

而尽管孔子提出了以德治国的政治主张，但在他之后的战国初、中期，各诸侯国为了巩固政权、增强国力，纷纷变法，采用的反而是以法治国。到秦朝时期，法家的思想占据了绝对的统治地位，德主刑辅的主张一度作废。

秦朝把法家的“事皆决于法”的思想作为治国思想，实行轻罪重罚、严刑峻法。秦朝的刑罚可分为以下几类：死刑、肉刑、徒刑、耻辱刑等多达七种以上。比如其中的死刑，是剥夺罪犯生命的极刑，分为戮刑、磔刑、弃市、腰斩、枭首、具五刑、族刑等多种，执行方式极为残酷。又如耻辱刑，将罪犯的鬓毛、胡须或头发全部剃去，以区别于常人。这些刑罚，往往手段极其残忍，对人的身体和心理的伤害极深，并且牵涉到的社会面极广，因而实行起来后，弄得民不聊生、怨声载道。

到汉武帝时，当时儒家的代表人物董仲舒提出“奉天法古，兴教化，抑豪强，贵德贱刑，官不与民争利，养士办学”的主张。随着他提出的“罢黜百家，独尊儒术”的主张得到汉武帝的重视并被采纳后，儒家思想才逐渐占据统治地位。在这种情形下，他提出德主刑辅的治国措施，主张“大德小刑”“前德后刑”。他认为，教化可以使老百姓自觉遵守礼仪制度，从而出现“不令而行，不禁而止，从上之意，不待使之，若自然矣”的局面；只有在进行德教的基础上辅之以刑罚，才是治理国家的理想状态。在德主刑辅法律思想的指导下，汉朝为了避免重蹈秦朝灭亡的覆辙，实施轻刑薄罚的政策。此举对于缓和社会矛盾、巩固统治基础，起到了积极的作用。

所以，德主刑辅是儒家对人的行为规范所持的一种治理理念。儒家认为，管理国家的人，首先自身应该具有美德，然后以这种美德去感化民众，就能得到民众的认可与拥戴，他们的治国措施就能得到民众的认同。只有在迫不得已的情况下，才采取法律等强制性措施来强迫被管理对象服从，实现控制。但在对待德与法的态度上，要始终把德放在主要位置，把法放在辅助位置。那么，怎样才能避免强制性的“刑”的处罚呢？那就是要做到先教后刑，即，道德教育在先，处罚在后。

先教后刑，是德主刑辅观的组成部分，是儒家处理道德教化与刑罚关系的重要观点。它的实质是一种犯罪预防的理念。孔子主张用“道之以德，齐之以礼”的方法，培育人的仁爱心、自尊心、自信心、自觉心，来发挥其内在动力，达到社会的平衡与协调。他还格外强调自我修养，说：“躬自厚而薄责人。”又说：“见贤思齐，见不贤而内省。”“吾日三省吾身。”等等。孟子和荀子继承了孔子修养内省的理念，并在这个基础上提出对人进行“四德”“五伦”教化的主张，希望把儒家的伦理道德意识转化成为个人内心中的信仰，从而让人的行为自觉限制在礼制的范围。这种行为，就是儒家所希望看到的德化的结果。

在《论语·颜回篇》中，记载了孔子回答季康子的问话。这些回答内容，可谓十分形象地道出了德主刑辅、先教后刑所起的效果和作用。

季康子问孔子如何治理国家。孔子回答："政就是正的意思。您本人带头走正路，还有谁敢不走正道呢？"季康子担忧盗窃，问孔子怎么办。孔子回答："假如您不贪图财利，即使奖励偷窃，也没有人偷盗。"季康子问孔子如何治理政事，说："如果杀掉无道的人来成全有道的人，怎么样？"孔子说："您治理政事，哪里用得着杀戮的手段？您只要行善，老百姓也会跟着行善。在位者的品德好比风，在下的人的品德好比草，风吹到草上，草就必定跟着倒。"

"德主刑辅，先教后刑"的思想在中国历史上一度发挥了极其重要的作用，在维护社会秩序、巩固国家安全、促进经济发展、缓和阶层矛盾、减轻人民负担、改善民俗风气诸方面，均做出了积极贡献。

4. 泰而不骄，威而不猛

在《论语·尧曰篇》中，子张问孔子："怎样才可以治理政事？"孔子回答说："尊重五种美德，排除四种恶政，这样就可以治理政事。"子张问："五种美德是什么？"孔子说："君子要给百姓恩惠而自己却无所耗费；让百姓劳作而不使他们怨恨；要追求仁德而不贪图财利；庄重而不傲慢；威严而不凶猛。""泰而不骄，威而不猛"就出自孔子回答的五种美德。那么，怎样理解这两种美德呢？孔子接着又从反面做了回答。"君子对人，无论多少，势力大小，都不怠慢他们，这不就是庄重而不傲慢吗？君子衣冠整齐，目不斜视，使人见了就产生敬畏之心，这不也是威严而不凶猛吗？"

通过孔子的回答，可以看出，“泰而不骄，威而不猛”，指的是儒家推崇的君子所持的两种处世之道。具体指的是君子与人相处或交往时所持的两种态度。再具体点，从孔子的角度来看，指的是身居官位的君子与人交往时所持的两种态度。那么这是两种什么样的态度呢？

在《论语·子路篇》中，孔子说：“君子泰而不骄，小人骄而不泰。”他的这句话反映出君子和小人之间两种截然相反的态度。君子的态度是一种美德，小人的态度是一种丑恶。君子都是具有仁德的人，他们在待人接物时，不论接触的人有多少，也不论他们的权势有多显赫，身份地位有多高，都会积极对待，对谁都不怠慢。孔子不但要求别人这样去做，而且他自己也是这么做的。

在《论语·述而篇》中，有描述孔子的句子：“子温而厉，威而不猛，恭而安。”意思是：孔子温和而又严厉，威严而不凶猛，庄重而又安详。这句话，对孔子所呈现的仪态的描述，可让人明白什么是威而不猛。威而不猛，即衣着整齐，目光沉稳，对身外之物没有窥探的欲望，让人见了就能产生敬畏之心。

《论语·尧曰篇》中说：“君子……泰而不骄，威而不猛。”意思是君子庄重而不傲慢，威严而不凶猛。这句话说出了“泰”与“威”之间的关系，即“泰”为前提，“威”为基础。这是通过君子个人的表现所展示出来的两种形象。它一般包含两方面的要求：一是个人的衣着打扮要符合要求，二是态度要端正。个人的衣着打扮，就是个人的外在形象。现代学者普遍认为，个人的形象在人格发展及社会关系中扮演着举足轻重的角色。儒家所倡导的修身，就是要求人们在生活中包括衣食住行在内的各个方面都做到表里如一，格外强调个人的外表形象。在衣着方面，孔子更是有严格的规定。他说：“君子不用深青透红或黑中透红的布镶边，不用红色或紫色的布做成平常在家穿的衣服。夏天穿粗的或细的葛布单衣，但一定要套在内衣外面。黑色的羔羊皮袍，配黑色的罩衣。白色的鹿皮袍，配白色的罩衣。

黄色的狐皮袍，配黄色的罩衣。平常在家穿的皮袍做得长一些，右边的袖子短一些。睡觉一定要有睡衣，要有一身半长。用狐貉的厚毛皮做坐垫。丧服期满，脱下丧服后，便佩戴上各种各样的装饰品。如果不是礼服，一定要加以剪裁。不穿着黑色的羔羊皮袍和戴着黑色的帽子去吊丧。每月初一，一定要穿着礼服去朝拜君主……"

谁都知道，个人形象并不等于个人本身。所以，儒家在强调外在形象的同时，还格外强调处世的态度。这种态度，在与人交往的过程中，起码能做到言谈举止谦恭有礼，不独断专行，不骄傲自大。这样的人，在交往中，除了能比较容易地获得人们的好感外，更能赢得人们发自内心的尊敬；这样的人，他们的事业往往因为受到人们的拥护而无往不胜。不妨举一例做说明。东汉时期的冯异是一名十分威严的将军，但他为人非常谦和。每当在行军途中遇到其他的将领，他往往都会主动避让对方，让别人走在前面。每当宿营时，一些将领就会为作战功劳的大小而争论不休，唯独他只顾一人靠着大树休息。时间一长，在军中，他就被人称作"大树将军"。有一次，光武帝刘秀将部队重新编制，没想到将士们都希望成为"大树将军"的部下。

所以，就孔子对"泰而不骄，威而不猛"所期望达到的目的来说，与孙子的"不战而屈人之兵"有着异曲同工之妙。并且，孔子对"泰而不骄，威而不猛"的要求在现实层面上，主要针对的还是政府阶层的官员。作为国家机构中的管理者，官员要怎样树立形象呢？毋庸讳言，往小里说，一个人的威望和口碑，不是靠盛气凌人的架势得来的，也不是靠高高在上的权势得来的，而是通过个人的言行举止感化别人，取得别人认同后而得来的。往高处说，对于身居权位的官员来说，他们对待公务的态度和行为，就构成了政府形象的一个重要组成部分。如果官员在位上胡作非为或恃强凌弱，那么，除了官员本身外，民众最为反感的就是以他们为代表的政府形象。一旦政府的形象在民众心目中坍塌，政府的威信也就会坍塌，国家的威望也就会坍塌。在儒家看来，要树立良好的政府形象，首先官员自身要树立良好的形象。政府获得民众的尊重，官员的素质是第一道关。官员要具备什么样的素质？在儒家看来，个人的品德居第一位，即是官员必备的素质。

可见，“泰而不骄，威而不猛”指的是君子所持的两种行为礼仪。这是儒家修身篇中对“行”的要求。其中所体现的，就是“宽”的精神，即以充满仁爱的胸怀，用“载华岳而不重，振河海而不泄”的德智去包容、感化世间的万事万物。

5. 躬自厚而薄责于人

古人写过这样一副对联：“真君子不责人所不及，不强人所不能，不苦人所不好，不计人所不便！大丈夫应察己所不能，应笃己之宽厚，应立己之大义，应弃己之私利！”这副对联道出了儒家对个人修身的要求，所体现的是一种严于律己与对他人仁爱、宽容的人格魅力。它所表达的就是孔子在《论语·卫灵公篇》中说过的话：“躬自厚而薄责于人，则远怨矣。”意思是：严格要求和约束自己，培养厚德而少责备别人，就可以避免别人的怨恨。这句话所反映的是儒家所倡导的处理人际关系的一项准则，即宽待他人。

宽待他人，是儒家倡导的不从私心出发的一种为人处世之道，是儒家尚容和贵和思想的应有之义。它既是一项重要的儒家伦理道德规范，也是做人应有的一项品德。

清代史学家黄宗羲在《原君》一文中写道：“有生之初，人各自私也，人各自利也。”源于人的这种本性，在涉及利益纠纷时，往往就会产生交恶。这种利益纠纷越大，所带来的后果就越严重。这种情形，在现实生活中时时发生，让人无法回避、防不胜防。那么，遇到这种情形，尤其是当自己的利益受到伤害时，该如何处理呢？

儒家的态度很明确，就是时刻做到宽以待人。孔子在《礼记·表记》中说：“是故君子不以其所能者病人，不以人之所不能者愧人。”意思是：所以，君子不以自己所能做到的事去责备别人，也不以别人做不到的事让别人感到惭愧。这句话，所讲述的就是怎样处理与别人相处或交往过程中产生的矛盾。在现实生活中，人的能力是千差万别的。对于同一件事，有时在自己眼里显然是轻而易举的一件事，但到了别人手里，要干好它似乎比登天还难。而且，由于人的兴趣爱好、处理问题的角度，包括所处的环境都存在差异，有时让别人做得很好的一件事，在自己看来却处处不如人意。尤其是当自己处于对事情拥有绝对支配权时，这种主观认知会更明显。那么，对于这些情况，该怎么处理呢？在儒家看来，最佳的答案就是宽以待人。这种宽以待人表现为对他人过错的容忍、谅解和对其仍保持人格上的尊重。对人不能求全责备，不能“无于己而求诸人”，自己做不到，却硬要别人做到。“不责人所不及，不强人所不能”，更不能因为别人的能力不能完成某项要求而讥笑他。当别人不如自己时，要以宽容之心让其不感到逼仄，从而有改正过错、继续学习的动力。当别人不能胜任某项事务时，不能伤害，更不能侮辱他的人格。所以，宽以待人在本质上就是超越自我，承认和尊重他人的人格尊严和权益。它以一种风范、气度示人，所体现的实际上就是儒家大力倡导的道德的力量。

儒家格外强调，在处理人际关系时，对出现的矛盾要做到从自身找原因。所以，儒家所倡导的宽以待人主要体现在：在自己与他人之间发生矛盾冲突时，除了不抱怨指责别人，以宽容示人外，还要做到反躬自省，检讨自己做得是否合乎儒家仁爱的要求。具体该怎么做呢？

孟子对这种情况的态度是："有人如此，其待我以横逆，则君子必自反也；我必不仁也，必无礼也。此物奚宜至哉？"（《孟子·离娄章句下》）意思是：如果有个人，他对我蛮横而不顺从，那么作为君子的我就要自我反省：我必然有爱心不够的地方，必然有不遵守社会行为规范的地方，这种情况怎么能够出现呢？

荀子也表达了这样的见解。他在《荀子·非相》中写道："君子之度己则以绳，接人则用枻。度己以绳，故足以为天下法则矣；接人用枻，故能宽容。"意思是：君子律己像木工用墨线取直一样，待人像船工用舟船载客一样。用墨线似的直线律己，所以能够使自己成为天下人效法的榜样；用舟船似的胸怀待人，所以能够对他人宽容，也就能依靠他人来成就治理天下的大业。

由此可看出，儒家所推崇的宽以待人，包含着严于律己与宽以待人两个方面。人的本性是自私的，当受到外界的诱惑时该怎么做呢？与法家所提倡的以法来约束行为、制止非分之想不同，儒家强调自律，认为只要通过道德的力量、人格的魅力就能消除纷争和人性中的贪欲。并且，在现实中还真有人能做到这一点。不妨举一例：东汉时期，杨震在荆州做官的时候，发现有个叫王密的人很有才华，就推举他做了昌邑县令。有一次，杨震因公事路过昌邑，王密知道后，为答谢杨震对自己的举荐之恩，就趁夜深人静的时候，怀揣十锭黄金到驿馆拜见杨震。杨震对王密的这种做法十分生气，毅然拒绝。王密四下瞅了瞅说："夜黑人静，是不会有人知道的。"杨震义正词严地说："天知、地知、你知、我知，你怎么说没有人知道呢！"说完他生气地将黄金掷于地上。

杨震面对利诱，严词拒绝，他那"天知、地知、你知、我知"的坚定语气，已经穿越时空，化作正气的绝响。他的做法，完全契合了儒家律己的主张。也许，在儒家的道德伦理体系当初的设计中，就已经预见到了杨震的举动是一种必然之举，从而坚信天下必将会有千千万万个杨震前赴后继。这也许就是儒家对自己的政治主张的底气所在。

事实上，也只有做到律己的人，才能做到品德上的宽容。因为儒家所提倡的宽容，不是个人一时的举动，也不是为达到某种目的而采取的一项措施，而是个人修身过后所能达到的一种融入心性的美德。古人所说的“大肚能容容天下难容之事”，所要的就是建立在这种美德之上的一种胸襟。在历史上，许多有影响、有作为的人之所以能够胜人一筹，其中的关键因素就是他们的胸襟比常人开阔得多。比方说唐太宗李世民在对待魏徵一事上的做法。魏徵本是太子李建成的属官，他曾多次劝李建成杀掉李世民。但是，当玄武门之变后，李世民不但没有因对方有要置自己于死地而动起杀心，反而给魏徵很高的官位，而且非常信任和倚重他。毫无疑问，正是因为唐太宗有容人的胸襟，所以在他的治理下大唐帝国出现“贞观之治”就是在情理之中的事。

儒家所倡导的宽容，就是要将诸如恃才傲物、恃强凌弱、盛气凌人之类的恶劣品质从内心中摒弃，取而代之以宽容、自省的美德，不计怨仇，不计人过，与人为善。在《论语·公冶长篇》中孔子说：“不念旧恶，怨是用希。”意思是：不要对别人负于自己的事情耿耿于怀，应宽宏大度，这样才不会彼此心生怨恨。具体怎么做呢？在《论语·宪问篇》中有人这样问过孔子:“以德报怨，何如？”意思是:用恩德来报答怨恨怎么样？孔子回答：“何以报德？以直报怨，以德报德。”孔子的回答态度很明朗：用什么来报答恩德呢？应该是用正直来报答怨恨，用恩德来报答恩德。它的精神实质就是，“德必报，怨不仇”。

南宋理学家陆九渊在《与辛幼安》一文中就对儒家的宽容精神有过一番总结：“古人未尝不言宽。宽也者，君子之德也。君子固欲人之善，而天下不能无不善者以害吾之善；固欲人之仁，而天下不能无不仁者以害吾之仁。有不仁不善为吾之害，而不有以禁之、治之、去之，则善者不可以伸，仁者不可以遂。是其去不仁，乃所以为仁，去不善乃所以为善也。”

而儒家在讲求宽以待人的同时，也严格坚持宽不容恶的原则。孔子曾说过“是可忍，孰不可忍”，这里面所谈到的不可忍，指的就是对恶的不可忍。它针对的是一物一事，与人的内心所形成的宽容的美德并无悖谬之处。